Friedrich Schleiermacher

Monologen - Eine Neujahrsgabe

Die Weihnachtsfeier - Ein Gespräch

Friedrich Schleiermacher

Monologen - Eine Neujahrsgabe
Die Weihnachtsfeier - Ein Gespräch

ISBN/EAN: 9783743386440

Hergestellt in Europa, USA, Kanada, Australien, Japan

Cover: Foto ©ninafisch / pixelio.de

Manufactured and distributed by brebook publishing software (www.brebook.com)

Friedrich Schleiermacher

Monologen - Eine Neujahrsgabe

Monologen.
Eine Neujahrsgabe.

Die Weihnachtsfeier.
Ein Gespräch.

Von

Friedrich Schleiermacher.

Mit Einleitung herausgegeben
von
D. Carl Schwarz.

Leipzig:
F. A. Brockhaus.
1869.

Einleitung.

Die „Monologen" Schleiermacher's und seine „Weih=
nachtsfeier" schließen sich ergänzend und ausführend an die
„Reden über die Religion" und bilden mit ihnen eine
zusammengehörende Gruppe. Schon der Zeit nach stehen sie
ihnen nahe, sie sind die Jugend=Schriften Schleiermacher's.
Sie fallen in die romantische, gährende Periode des Wer=
dens und ersten Aufsteigens seines Genius, in welcher noch
manche später erst sich sondernde Elemente, Schelling'sche und
Fichte'sche Gedanken, Romantik und Ethik, der speculative
und der herrnhutische Christus, wie in Einer Wiege neben=
einanderliegen. Auch die Form ist noch ganz die dieser Zeit
eigene, schwungvoll und überwallend, andeutend und abgeris=
sen, nach Klarheit und Maß noch suchend; oft dithyrambisch
bewegt, dann wieder künstlich dialektisirend und alle scheinbar
widerstreitenden Kräfte des Schleiermacher'schen Geistes in
ungeschiedener Einheit zusammenfassend. Ihnen allen ist die
durchaus subjective, die strenge Wissenschaft verschmähende
Haltung eigen, welche bald die Form der Rede, bald die
der Selbstbetrachtung, bald wieder die der geselligen
Unterhaltung annimmt, um der innersten Bewegung des
Herzens den wärmsten und lebensvollsten Ausdruck zu geben.
Die anziehende, noch heute zündende Kraft dieser Schriften
liegt in ihrer durchaus individuellen Färbung, die jedem

Gedanken den Charakter eines innern Erlebnisses gibt, ihn zum Ausdruck des eigensten Ringens und Sichselbstbildens macht. So sind diese Schriften **Selbstbekenntnisse** höherer Art, und dabei zugleich Darstellungen des mächtigen Umschwungs jener Zeit, der neuen mit dem beginnenden Jahrhundert sich hindurchringenden religiösen und sittlichen Anschauungen, die, weil sie sich noch nicht von dem tief erregten Individuum losgelöst haben, auch nur noch unter dem verdeckenden Schleier der Namenlosigkeit in die Oeffentlichkeit treten. Daß gerade diese Schriften, zu denen noch die „Briefe über die Lucinde" gerechnet werden müssen, unter dem Schutze der Anonymität erschienen, daß der junge Theologe und Geistliche, der nicht im Priestertalar, sondern im flatternden Philosophenmantel auftritt, der nicht im Namen einer Zunft, sondern als **Mensch** von den heiligen Geheimnissen der Menschheit reden will, seinen Namen zurückhält, ist nichts Zufälliges. Er steht noch vor den Pforten der Theologie! Es ist eine mächtige, alles überflutende Geistesströmung, von der er getragen wird und deren erster begeisterter Verkündiger er ist.

Und doch, ist auch gegen diese Schriften von mancher Seite der Vorwurf der Gährung und Ueberschwenglichkeit, eines geistreichen Dilettantirens, erhoben worden — welch ein Dilettantismus, welch eine Schärfe der Grundlinien, die hier schon gezogen, welche Kraft des zusammenhängenden Denkens, die unter der rhetorischen Form sich birgt!

In Wahrheit liegen in diesen Schriften leicht erkennbar nebeneinander alle fruchtbaren Keime der spätern Schleiermacher'schen Theologie: in den „Reden" die entscheidenden und umwälzenden Grundgedanken über das Wesen der Religion; in den „Monologen" die Principien für alle folgenden Schriften über sittliche Probleme; in der „Weihnachtsfeier" die eigenthümliche Fassung der Schleiermacher'schen Christuslehre. Alles ist hier schon angelegt und vorbereitet, wenn auch noch nicht nach allen Seiten genau abgegrenzt wie in der spätern Glaubens- und Sittenlehre, und es gibt kein glänzenderes Zeugniß für das stetige organische Wachsen des Schleiermacher'schen Geistes aus dem Mittelpunkt seiner Eigenthümlichkeit, für die selbstbewußte Klarheit seiner Zielpunkte, als diese prophetischen Jugend-Schriften.

Auch hier schon zeigt sich deutlich das, was überhaupt Schleiermacher eigenthümlich ist, die tief ineinandergreifende, festgefugte Einheit sonst weit auseinandergehender scheinbarer Gegensätze, die bei aller Geschiedenheit doch wieder sich suchende Pole, sich ergänzende Correlata sind. Dies gilt vornehmlich von der Einheit des Religiösen und Sittlichen, der absoluten Abhängigkeit des Menschen Gott gegenüber, und seiner absoluten Freiheit im Verhältniß zur Außenwelt. Dies feste, auf dem Unterschiede ruhende, aber über ihn hinausgreifende Band der Einheit, durch welches der religiöse und der sittliche Factor zusammengehalten werden, diese nothwendige Ergänzung der Religion durch die Sittlichkeit tritt uns klarer als sonst irgendwo entgegen in dem Nebeneinander der Schleiermacher'schen „Reden" und seiner „Monologen", welche in ihrer Abfassung kaum durch eines Jahres Raum voneinander getrennt sind. Das Thema der „Monologen" steht ja scheinbar im geraden Gegensatze zu dem der „Reden". Hier ist das Universum, dort das Individuum der Mittelpunkt. Hier erscheint Schleiermacher, ein Jünger des „heiligen Spinoza", wie er ihn nennt, ganz versenkt in das Anschauen der Unendlichkeit, in deren Berührung mit der Endlichkeit er das Wesen der Religion findet; dort dagegen ist es die unendliche Freiheit des Subjects, das als ein ganz bestimmtes, individuelles gefaßt wird, zu welcher er sich erhebt, und in der er über alles, was von außen kommt — Welt, Schicksal,

Tod — mit dem Gefühl göttlicher Herrschaft triumphirt. Wir sehen: die „Substanz" Spinoza's und das „absolute Ich" Fichte's sind hier nicht feindliche Gegensätze, sondern ergänzende Momente, die Freiheit ist nur die Kehrseite der Abhängigkeit, die Sittlichkeit nichts anderes als die der Welt zugewandte Religion, die Herrschaft des gotterfüllten Subjects über das endliche Dasein. Sind also die „Reden" ein Hymnus auf die Versenkung der Seele in die Ewigkeit, welche schon in der Zeit empfunden wird, auf das Anschauen alles Einzelnen im großen Zusammenhange des Universums, so die „Monologen" eine Verherrlichung der Freiheit, der Herrschermacht des Menschen über die Welt. In Wahrheit aber sind **Frömmigkeit** und **Freiheit** im innersten verbunden, die Eine Quelle, aus der Schleiermacher seinen wunderbaren Lebensmuth schöpft, eine Frömmigkeit voll des Gefühls tiefster und eigenster Freiheit und eine Freiheit, die in Gott allein ihren Halt, ihre Erfüllung und Seligkeit findet.

Die „Monologen" sind noch in einem ganz besondern Sinne „Selbstbekenntnisse" Schleiermacher's zu nennen, denn in keiner seiner Schriften hat er uns so tief in sein Inneres schauen lassen als hier. Sie haben darin einen unvergleichlichen Reiz, eine nie alternde Jugend. Sie sind ein Neujahrsgruß, gerichtet nicht an wechselnde Jahre, vielmehr an kommende Jahrhunderte. Die sittliche, siegesgewisse Kraft des Menschen über alles, was von außen kommt, ist seit den Stoikern, Kant und Fichte, nirgends so rein und ideal, und wieder so zart und eigenthümlich ausgesprochen wie hier. Diese Schrift war für Schleiermacher selbst eine Befreiung von der ihn damals noch tiefbewegenden Leidenschaft zu Eleonore Grunow. Der Proceß der Reinigung und Erhebung, obgleich er noch während fünf langer Jahre durchgekämpft werden muß, vollzieht sich doch schon hier. Schon hier ist es ihm selbst, wie dem Leser, gewiß, daß er als Sieger aus dem Kampfe hervorgehen wird.

Die „Monologen" erschienen im Anfang des Jahres 1800 und sind, ganz dem Innersten entströmt, in wenigen Wochen hingeworfen, sodaß sie kaum in der Handschrift existirt haben, gleichsam dem Setzer in die Hand dictirt wurden. Schleiermacher selbst schreibt darüber an seinen Freund Willich, daß sie aus einer unbezwinglichen Sehnsucht seines Herzens, sich auszusprechen, hervorgegangen und „ganz ins Blaue hinein, ohne Absicht, ohne den mindesten Gedanken einer Wirkung" geschrieben seien. Er nannte das Büchlein in halb ernsthaftem Scherze „eine Thorheit". Ueber Sprache und Form mußte er selbst von seinen Freunden manchen Tadel erfahren, den namentlich das fast rhythmische Silbenmaß, das sich den Jamben nähert, hervorrief. Er selbst gab zu, „daß er mit seinem Stil noch nicht zur vollen Reife gekommen" und in Extremen umherschwanke. Er entschuldigt das Dithyrambische des Ausdrucks mit der gewählten Form der Monologen, welche das eigentlich Rednerische nicht dulde, vielmehr nach innen sich wende und darum an das Lyrische streife. Auch Friedrich Schlegel gehörte zu den Tadlern, ihm war der Ausdruck nicht schmucklos und einfältig genug, und seine Gattin Dorothea fand, daß das Studium der „Monologen" für heitere Stunden zu ernsthaft und schwer sei. Unleugbar liegt eine Wahrheit in diesen Ausstellungen, die im Laufe der Zeiten auch öfter wiedergekehrt sind, und doch haben die dahingeflossenen 70 Jahre den frischen Blütenduft, der uns aus diesem Neujahrsgruß an das 19. Jahrhundert entgegenweht, nicht zerstören, die hohe sittliche Kraft, die von ihm ausgeht, nicht abschwächen können.

Die „Monologen" sind wol öfters als ein Ausfluß des Fichte'schen Geistes, als eine Verherrlichung der Ich=Philosophie an=

gesehen worden, und doch gehören sie so ganz und gar dem Schleiermacher'schen Genius an, daß er in ihnen nur sich selbst, sein eigenes ideales Bild gezeichnet hat. Der Unterschied zwischen beiden Männern ist in der That ein viel größerer, als er auf den ersten Anblick erscheint, wie auch aus den keineswegs freundschaftlichen literarischen Berührungen dieser Zeit deutlich hervorgeht. Das Gewaltsame und Terroristische des Fichte'schen Geistes, der Despotismus der logischen Formel bei aller Verherrlichung der Freiheit, stieß den viel feiner organisirten und die Welt der Wirklichkeit viel schärfer erfassenden Schleiermacher entschieden ab, und in diesem Sinne hat er die Schrift Fichte's über „die Bestimmung des Menschen" ein „heilloses Buch" genannt und seine Anzeige desselben im „Athenäum" mit wahrhaft vernichtender Satire gewürzt. Der Unterschied der ganzen Weltanschauung bestand darin, daß für Schleiermacher das Religiöse der absolute Hintergrund des Sittlichen war, während das Fichte'sche Ich in schroffer Selbstüberhebung dieses Hintergrundes ganz entbehrte; daß ferner das Schleiermacher'sche Selbstbewußtsein, welches der ganzen Welt in unerschütterlicher Energie sich gegenüberstellte, durchaus individuell geartet war, mit den zartesten Organen und tiefsten Bedürfnissen der Freundschaft, Liebe, Geselligkeit angethan, während das Fichte'sche Subject ein völlig abstractes blieb, das sogenannte reine Ich, das jeder Bestimmtheit trotzte und sich aus ihr als einer Beschränktheit in die Sphäre des reinen Willens zurückzog. Alles erscheint bei Fichte starrer, schroffer, schematischer als bei dem unendlich beweglichen und der ganzen Fülle der Wirklichkeit in ihren individuellen Gestaltungen liebevoll aufgeschlossenen Schleiermacher, in welchem wir den Romantiker erkennen, und in dessen „Monologen" wir den romantischen Cultus des Individuums mit der Fichte'schen

Geistesenergie aufs wunderbarste verschmolzen finden. Und ist auch diese absolute Energie des Willens gegenüber der ganzen endlichen Welt noch massiver und herrischer von Fichte ausgesprochen als in den „Monologen" Schleiermacher's, so ist doch hier die Elasticität des Geistes eine viel größere, und der feine geschliffene Stahl mächtiger als das harte Eisen.

Die „Monologen" zerfallen in fünf Abschnitte, welche die Ueberschriften: „Betrachtung", „Prüfungen", „Weltansicht", „Aussicht", „Jugend und Alter" tragen. In dem ersten hält Schleiermacher eine Weltschau und stellt sich sogleich auf die ideale Höhe der „Betrachtung". Er erhebt sich von Zeit und Endlichkeit und Abhängigkeit des endlichen Daseins in das innerste Wesen des Geistes, in die Sphäre der absoluten Freiheit. Der verwirrenden Leidenschaft will er entfliehen, der unwürdigen Sklaverei der Außenwelt, der Abhängigkeit von dem Boden, auf welchem er steht, und sich nicht beugen unter dem Fluche der Zeit. Von der Außenwelt will er einkehren in die Welt des Innern, von dem äußern Handeln mit seinen unberechenbaren Wirkungen und Erfolgen in das innerste Handeln, von den zeitlichen Erscheinungen in das ewige Sein, von den zahllosen kleinen Abhängigkeiten in die immer gleiche und Eine unendliche Freiheit, mit einem Worte: von dem endlichen Selbstbewußtsein in das absolute Selbstbewußtsein, von dem, was nicht er selbst ist, in sich selbst. Alles andere ist ja nur ein Verschwindendes, Unwahres, ein leerer Schein und Wahn. Die wahre Betrachtung ist die Selbstbetrachtung. Nicht die Erinnerung an äußere Thatsachen und Kämpfe, nicht die Anschauung dessen, was ein jeder äußerlich gewirkt und gelernt, sondern dessen, was er in dem ewigen, innersten Kern seines Wesens ist. Dieses Wesens Kern ist Freiheit. Sie ist das Erste, das Ursprüngliche, das Innerste. „Mein Thun ist frei, nicht so mein Wirken in der Welt des Geistes, das folgt ewigen Gesetzen. Es stößt die Freiheit an die Freiheit sich, und was geschieht' trägt der Beschränkung und Gemeinschaft Zeichen. Ja! du bist überall das Erste, heilige Freiheit! Du wohnst in mir, in allen. Nothwendigkeit ist außer uns gesetzt, ist der bestimmte Ton im schönen Zusammenstoß der Freiheit, der ihr Dasein verkündet. Mich kann ich nur als Freiheit anschauen; was nothwendig ist, ist nicht mein Thun, es ist sein Widerschein, es sind die Elemente der Welt, die in der fröhlichen Gemeinschaft mit allen ich erschaffen helfe."

In dieser hohen Selbstbetrachtung, dieser Einkehr in das wahre ewige Selbst, das „keine Welt verwandeln und keine Zeit zerstören kann, das vielmehr selbst erst Zeit und Welt schafft", und vor dem aller äußere Erfolg, Gunst oder Ungunst der Lebensbedingnisse, aller Wandel der Zeit, aller Schmerz und Freude hinabsinken in das Reich des Scheins und der Nichtigkeit — in dieser Selbstbetrachtung steht Schleiermacher offenbar ganz auf der Höhe des Fichte'schen Idealismus, und die Gegensätze von Ich und Nicht-Ich, von Geist und Natur, von Freiheit und Nothwendigkeit treten uns hier, mit wenig veränderten Ausdrücken, aber in gleicher Kühnheit und Erhabenheit entgegen wie in den Fichte'schen Schriften der ersten Epoche. Und dieser Gedanke unendlicher sittlicher Freiheit, diese Erhebung aus der Zeiten Schaum in das ewige ideale Selbst ist nicht nur die einleitende Betrachtung, er ist zugleich der Grundton und das immer wiederkehrende Thema, das in den verschiedensten Variationen durch die „Monologen" erklingt und in dem letzten Abschnitt, „Jugend und Alter", noch einmal in vollen, herrlichen Accorden austönt. Wie es gleich in der ersten Betrachtung heißt: „Beginne schon jetzt dein ewiges Leben in steter Selbstbetrachtung, sorge nicht um das, was kommen wird, weine nicht um, das was vergeht; aber sorge, dich selbst nicht zu verlieren, und weine, wenn du dahintreibst im Strome der Zeit, ohne den Himmel in dir zu tragen" — also heißt es als Erfüllung dieser Mahnung, als heiliges Gelöbniß am Schluß: „Dem Bewußtsein der innern Freiheit und ihres Handelns entsprießt ewige Jugend und Freude. Dies hab' ich ergriffen und lasse es nimmer, und so sehe ich lächelnd schwinden der Augen Licht und keimen das weiße Haar zwischen den blonden Locken. Nichts was geschehen kann, mag mir das Herz beklemmen, frisch bleibt der Puls des ewigen Lebens bis an den Tod."

In dem zweiten Abschnitt, „**Prüfungen**" überschrieben, steigt Schleiermacher herab aus den idealen Höhen in die Niederungen der Wirklichkeit, in Kampf und Hemmung und Endlichkeit, hier aber auch — und dies ist der große Fortschritt über Fichte hinaus — findet er die hohe sittliche Bedeutung und das unveräußerliche Recht der **Eigenthümlichkeit**. Nicht mehr genügt es ihm, nur die „Vernunft" gefunden zu haben, die allen gemeinsame, nur ein „Handeln, welches in allen dasselbe", und nicht will er die Menschheit anschauen als eine „gleichförmige Masse", die nur äußerlich sich scheidet; vielmehr ist ihm klar geworden, daß ein jeder Mensch „**auf eigene Art und in eigener Mischung ihrer Elemente**" die Menschheit darstellen soll, damit sie auf jede Weise sich offenbare und alles wirklich werde in der Fülle des Raums und der Zeit, was irgend Verschiedenes aus ihrem Schoße hervorgehen kann. Er unterscheidet zwei Hauptklassen der menschlichen Art: die **praktischen** Naturen, welche die Menschheit in sich zu einer entschiedenen Gestalt durch wechsel= reiches Handeln bilden, und die **ästhetischen** oder dar= stellenden, welche kunstreiche Werke verfertigen und sie zum Mitgenusse für andere darbieten. Sich selbst spricht er jeden künstlerischen Trieb und Begabung ab, da es ihm nicht wie den Künstlern um die schöne Form vorzugsweise zu thun, da er auch nicht wie sie **einsam** zu bilden verstehe, vielmehr nur in der Gemeinschaft mit andern Geistern und im wechselseitigen Geben und Empfangen das eigene Wesen immer klarer herauszubilden vermöge. Aber diese Eigenthümlichkeit wieder, trotz ihrer göttlichen und unzerstörbaren Signatur, bedarf zu ihrer Vollendung des **allgemeinen Sinnes**, welcher nicht bestehen kann ohne die Liebe. Sie ist die Anziehungskraft für die geistige Welt, ohne sie müßte alles in gleichförmige, rohe Masse zerfließen. **Keine Bildung ohne Liebe und ohne eigene Bildung keine Vollendung in der Liebe.** Denn diese beiden: Eigenthümlichkeit und Liebe, sind die großen Bedingungen aller Sittlichkeit, die Pole, um welche ihre Achse treibt. Hier bestätigt sich vollkommen das zu Anfang Gesagte, daß die Grundgedanken der spätern wissenschaftlichen Arbeiten über die Sittenlehre in den „Monologen" schon vollkommen klar zu Tage liegen und in scharfen Linien abgegrenzt sind. Denn hier schon ist der Gegensatz von Geist und Natur, sowie die Herrschaft des Geistes über die Natur und ihre Umwandlung durch ihn, ferner der Gegensatz des Eigenthümlichen und Gemeinsamen in ihrer wechselseitigen Anziehung und Durchdringung das Fundament der ganzen Sittlichkeit, die Grundfigur, in welche alle feineren Linien hineingezeichnet werden.

Im dritten Monolog wird auf Grund der angestellten Selbstprüfung die „**Weltansicht**" entwickelt. Die Stimmung ist hier voll hoher, souveräner Verachtung der Gegenwart. Der scharfe Gegensatz, in welchem Schleiermacher mit dem kleinen Kreise seiner romantischen Freunde, mit dem neuen aufsteigenden Geschlecht, zu der absterbenden alten Welt, zu dem abwärts eilenden Jahrhundert trivialer Nützlichkeit und Vernüchterung, falscher Empfindsamkeit und kleinlicher selbstsüchtiger Spießbürgerei stand, wird in diesem Stück mit keckster, herausfordernder Unverhohlenheit ausgesprochen. Hier weht uns der romantische Zug seines Geistes am schärfsten an. Er fühlt sich als ein „Mitverschworener der Zukunft", in Denkart und Leben dem jetzigen Geschlecht ein Fremdling, „der prophetische Bürger einer spätern Welt". Er sucht nach den stärksten Worten, um auszusprechen, wie sehr er dies Geschlecht verachte, das so schamlos, wie nie ein früheres gethan, sich brüste mit Fortschritt und Bildung, mit Aufklärung und der steigenden Herrschaft des Geistes über die Natur. Denn alles sei doch nur auf die äußere Gemeinschaft gerichtet und nur auf den Nutzen und sinnlichen Genuß berechnet, und darum stehe es so kläglich in allen Gebieten sittlichen Handelns, in Freundschaft und Liebe, in Ehe und Staat. Darum sei alles so kleinlich und zerstückelt und ängstlich an Standesunterschiede gebunden, darum könne keine freie, heitere Geselligkeit gedeihen, kein öffentliches Leben, und wie das Vaterland lächerlich getheilt sei, so wieder jede einzelne Gesellschaft. Darum sei die Freundschaft so niederer Art, und die Theilnahme immer nur auf das sinnliche Wohlsein der Freunde gerichtet. Darum die Liebe so entweiht, weil keiner das Recht der Eigenthümlichkeit in sich wie in andern achte und nach der Ausbildung derselben strebe. Darum auch die Liebe zum Vaterlande eine so unwürdige und selbstsüchtige. Die meisten sehen ja den Staat, das herrliche Kunstwerk des Menschen, nur als ein nothwendiges Uebel an, das dann noch am besten sei, wenn man es am wenigsten empfinde. So ist überall nur für die äußere Gemeinschaft der Sinn des Menschen ausgebildet, nur vermehrten äußern Besitz, nur Sicherheit und Schutz gegen Unglück und Schicksal sucht die gegenwärtige Menschheit in Freundschaft, Ehe und Vater=

land, nicht Hülfe und Ergänzung der Kraft zu eigener Bildung, nicht Gewinn an neuem innern Leben.

Von diesem traurigen Blick auf die Gegenwart erhebt er sich dann im vierten Abschnitt zur „Aussicht" in die Zukunft. Hier kehrt er zurück zu dem Anfang, zu der hohen heiligen Freiheit. Er heißt sie von neuem willkommen. Er begrüßt die Zukunft, wohl wissend was sie ist und bringt, als „sein freies Eigenthum, nicht seine Herrscherin". Wie mag sie denn eine Herrschaft ausüben über den, der nicht diesen oder jenen Erfolg in einem bestimmten Augenblick begehrt, der nicht irgendeine einzelne That zu seinem Ziele macht, vielmehr immer im Bewußtsein seiner ganzen Natur lebt, und dessen einziger Wille ist, „immer mehr er selbst zu werden"! Diese Selbstbildung, dies Gewinnen und Entwickeln des innersten und unverlierbaren Wesens ist das höchste Ziel alles Kennens und Könnens, alles sittlichen Strebens und Erziehens. So ist die Vergangenheit ein Bürge der Zukunft. Alles was von außen kommt, erheben wir zu unserm Eigenthum, alles Neuen und Mannichfaltigen erfreuen wir uns, und gleich willkommen ist, was die Welt als Wohl und Wehe bezeichnet. Und so geht uns auch eine neue geistige Welt auf; in allen Verbindungen und Pflichten des Familienlebens, der ehelichen Liebe, der Kindererziehung, die noch im Reiche der Phantasie liegen, ist nirgends eine Fessel gegeben für die Freiheit, alles ist nur eine Entwickelung und Erfüllung des eigensten Wesens.

Das ist es, was in dem letzten und vor allem köstlichen Kapitel „Jugend und Alter" prophetisch verkündet und verheißen wird. Wir kennen keinen herrlichern Hymnus auf die ewige Jugend als diesen, denn „nur ein leeres Vorurtheil ist das Alter", nur „die schnöde Frucht von dem trüben Wahn, daß der Geist abhänge von dem Körper";

denn durch des Willens unbesiegbare Kraft kann bis zum letzten Athemzuge „die geliebte Göttin der Jugend" festgehalten werden. So gelobt Schleiermacher es sich selbst: „Ungeschwächt will ich das Leben des Geistes in die spätern Jahre bringen, nimmer soll der frische Lebensmuth mir vergehen, was mich jetzt erfreut, soll mich immer erfreuen, stark soll mir bleiben der Wille und lebendig die Phantasie, und nichts soll mir entreißen den Zauberschlüssel, der die geheimnißvollen Thore der höhern Welt mir öffnet, und nimmer soll mir verlöschen das Feuer der Liebe."

So will er die Jugend dem Alter vermählen. „Die Jugendblüte und des Alters reife Frucht, der Jugend rasches Handeln und allseitige Empfänglichkeit und des Alters Weisheit" — sie sollen immer vereint bleiben, und niemals sollen wir fertig sein, unendlich vielmehr sei unser Ziel und rastlos unser Lauf. Und dies Gelöbniß, mit dem Schleiermacher seine „Monologen" beschließt, wie es in Wahrheit sein eigenstes Wesen ausspricht, diese „unendliche Freiheit des innern Handelns, dem ewige Jugend und Freude entsprießt", ist um so herrlicher, da sein ganzes Leben bis zum letzten Athemzuge eine Erfüllung dieser Verheißung gewesen, da Wort und That, Jugend und Alter, Leben und Tod in ihm verbunden waren zum vollsten Wohlklang.

Die „Weihnachtsfeier" Schleiermacher's ist fünf Jahre später als seine „Monologen" geschrieben. Der Schmerz um Eleonore ist nun (bis zum October 1805) durchgekämpft. Dieser Sturm hat ihn nicht gebrochen, vielmehr sittlich befestigt. Die wahrhafte und tiefe Religiosität, die Kraft seines sittlichen Willens hat ihn durch diesen schweren Kampf hindurchgerettet. Erquickend und heilend war für ihn die Freundschaft, vornehmlich die edler und geistig bedeutender

Frauen, denen er sein Innerstes erschloß. Die „Weihnachts=
feier" führt uns in diesen Kreis ein und schließt wie eine
versöhnende Harmonie die Schmerzenszeit. Auch sie ist, ähn=
lich den „Monologen", in wenig Wochen, gleich einer In=
spiration, vollendet; am Weihnachtsabend 1805 wurde das
letzte Manuscript zum Druck gegeben. Die ganze Anord=
nung ist eine künstlerische und zugleich doch so einfach und an=
muthig. Sie erinnert an die Platonischen Dialoge, die gerade
in dieser Zeit Schleiermacher vielfach beschäftigten, und in denen
der ernste lehrhafte Inhalt geschmückt und erheitert wird
durch einen geselligen Kreis lebendiger Persönlichkeiten. So
ist auch hier zu einer Art christlichen Symposions des Weih=
nachtstisches ein Kreis hochgebildeter Männer und Frauen
vereinigt, um das ernste Fest mit lieblichen Blüten zu schmücken
und eine reiche Mannichfaltigkeit verschiedener Stimmungen
und Ansichten zur schönen Harmonie ausklingen zu lassen.

Die Frauen leiten das Ganze anmuthig ein und bilden die
begleitende Musik, indem sie das Element tiefer und innerlicher
über alle Theologie erhabener Frömmigkeit darstellen, berufen
jeden schärfern Ton und Misklang leicht wieder zu versöhnen.
Oft und ausführlich ist hier von der Musik die Rede, wieder=
holt wird die Unterhaltung von Musik unterbrochen, wie
denn mit Vorliebe der Gedanke ausgesprochen wird, daß dem
religiösen Gefühle die Musik am nächsten verwandt sei, daß
Christenthum und Musik zusammenhalten müssen, weil beide
einander erklären und erheben. Das Kind, Sophie, stellt die
Frömmigkeit in der ursprünglichsten, unmittelbar aus den Tiefen
hervorbrechenden, noch ganz in den musikalischen Geist ver=
senkten Gestalt dar. Wol ist der Vorwurf öfter erhoben,
und schon von der geistvollen Freundin Schleiermacher's,
Henriette Herz, daß diese Gestalt verfehlt und das Kind
durchaus den Eindruck der Altklugheit mache. Wir können

in diese Ansicht nicht einstimmen, meinen vielmehr, daß bei aller Absonderlichkeit und Tiefsinnigkeit der Reden, bei aller Romantik der dunkeln Kinderaugen der Reiz des Ursprünglichen und Unbewußten nicht fehle. Ueber gar Verschiedenes, das doch immer wieder an das Weihnachtsfest und die Weihnachtsstimmung sich anschließt und zu ihr zurückkehrt, wird geredet, über die wahre Freude, die hohe Bedeutung der Kunst und namentlich der heiligen Musik, über die rechte Kindlichkeit und ihre Art, über die Eigenthümlichkeit der männlichen und weiblichen Natur; oft in witzigen und dialektischen Wendungen, wie sie Schleiermacher so eigen, aber immer doch so, daß das warme Gemüth überall hindurchklingt und das feinste Aroma einer wahrhaft gebildeten Gesellschaft alles durchzieht. Die Frauen beginnen mit Erzählungen von erlebten Weihnachtsfesten und Empfindungen, jede will einen eigenen Beitrag geben, ein kleines Bild, gefaßt in den Rahmen des schönen Festes. Zum Schluß dann erklären die Männer sich bereit; als Gegengabe, nach englischer oder griechischer Weise, ein jeder seinen Beitrag zu geben zu dem Gastmahle durch einen Vortrag über das Thema des Tags, das heilige Fest.

Die nun folgenden Reden bilden den Kern des Ganzen und enthalten im Keime und in der anmuthigsten, jedem zugänglichen Form die Grundgedanken der Schleiermacher'schen Christologie, ja seiner ganzen Theologie. An die verschiedenen Persönlichkeiten sind die verschiedenen Seiten des Schleiermacher'schen Wesens und die sich bei ihm so wunderbar durchdringenden Geistesrichtungen vertheilt. Die sich scheinbar bekämpfenden Gegensätze sind in Wahrheit sich ergänzende. Nicht eine geschichtliche Nebeneinanderstellung der auseinandergehenden theologischen Parteien jener Zeit will Schleiermacher uns geben, vielmehr die nur scheinbar getrennten und doch wieder im Innersten geeinigten Seiten seiner eigenen Theologie. Er selbst ist es, der in proteischer Wandlung unter den wechselnden Namen auftritt, nur in verschiedenen Farben bricht sich das Eine Licht.

So ist denn Leonhardt, „der ungläubige Schalk", wie er im Scherz von seinen Freunden genannt wird, der „denkend reflectirte, dialektisch überverständige Mensch", die mit besonderer Vorliebe gezeichnete Figur, welche überall das Salz hinzuthut und die oft weich und allzu lyrisch werdende Stimmung wieder in die Sphäre des Verstandes erhebt, nicht etwa ein nüchterner Aufklärer und Rationalist im Stile seiner Zeit, vielmehr nichts anderes als der Repräsentant des skeptisch-kritischen Geistes, der in Schleiermacher so mächtig war und so unerläßlich zu seinem Wesen gehörte, das wohlthätige, gesund erhaltende Salz, das in so glücklicher Mischung seinem mystischen Zuge beigegeben war. Leonhardt richtet seine Kritik vorzugsweise gegen die geschichtlichen Darstellungen von der Geburt Christi, wie sie von den drei ersten Evangelisten (den sogenannten Synoptikern) uns überliefert sind, und diese Kritik hat bekanntlich Schleiermacher nie zurückgenommen oder abgeschwächt, nach dieser Seite ist er immer ein Rationalist geblieben. Er hat die kritischen Untersuchungen über die Entstehung der neutestamentlichen Schriften und die ungeschichtlichen Bestandtheile derselben, namentlich in den Wundererzählungen, welche von den Rationalisten begonnen, mit ganzer Unerschrockenheit fortgesetzt und verschärft. Leonhardt kommt zu dem Resultat, daß die geschichtliche Grundlage des Lebens Jesu überhaupt sehr unsicher und widerspruchsvoll und dem Streit der Parteien ausgesetzt sei, und daß speciell die Geburtserzählungen an diesen Widersprüchen und Unglaublichkeiten leiden, also daß nicht sie das Weihnachtsfest begründet, vielmehr umgekehrt dies Fest mit seinen sinnigen Gebräuchen der Grund des gleichmäßig erhaltenen Glaubens geworden, wie es ja so oft komme, daß durch die Gebräuche einer nachfolgenden Zeit die vorangegangene Geschichte neu gebildet und befestigt werde. Er sucht die Bedeutung des Weihnachtsfestes nicht sowol in seiner kirchlichen als in seiner echt menschlichen Feier, in dem Weihnachten des Hauses und der Kinder, und will alles symbolisch deuten, das Kind, die Nacht, die Kerzen u. s. w. als schöne Bilder des geistigen Lebens und Geborenwerdens.

Ernst dagegen hebt die religiöse Seite des Festes besonders hervor und geht von dem religiösen Gefühl und Bedürfniß der Gemeinde aus, von hier aus die Bedeutung des Erlösers und der Erlösung entwickelnd. Dies ist bekanntlich der eigentliche Mittelpunkt der Schleiermacher'schen Christuslehre, und es gewährt uns ein besonderes Interesse, schon hier, wenn auch noch in ganz einfacher Gestalt, die Construction des Schleiermacher'schen Christus, seine Einzigkeit und Sündlosigkeit, wie die spätere Dogmatik sie gegeben, als ein Postulat des religiösen Gefühls, in allen Hauptzügen wiederzuerkennen. Die Geburt des Erlösers ist darum das allgemeine Freudenfest, weil es kein anderes Princip der Freude gibt als die Erlösung, und in der Entwickelung der Erlösung die Geburt Christi der erste helle Punkt ist. So mußte der Erlöser anfangen als ein göttliches Kind, mit Gotteseinheit, während wir mit dem Zwiespalt beginnen. So war er schon mit der Geburt, was wir erst durch die Wiedergeburt werden. Und so besteht die eigentliche Bedeutung des Weihnachtsfestes darin, daß wir uns der unerschöpflichen Kraft eines neuen, ungetrübten Lebens bewußt werden. Diese scheinbare Widerlegung der Leonhardt'schen Skepsis ist aber in Wahrheit eine Beistimmung und Ergänzung, wie Ernst selbst es in den Worten ausspricht: „Mögen die historischen Spuren des Lebens

Jesu, wenn man die Sache in einem niedrigen Sinn betrachtet, noch so unzureichend sein, das Fest hängt nicht daran, sondern wie an der Nothwendigkeit eines Erlösers, so an der Erfahrung eines gesteigerten Daseins, welches auf keinen andern Anfang als diesen zurückzuführen ist."

Während so Leonhardt die geschichtliche Kritik, Ernst das religiöse Gefühl mit seinem nothwendigen Rückschluß auf die Anfänge des Christenthums repräsentirt, ist Eduard der Träger des speculativen Elements in Schleiermacher. Seine Vorliebe für das Evangelium des Johannes und für diejenige Speculation, welche in ihm einen Anknüpfungspunkt findet, kommt hier zu Wort. Eduard will sich, im Unterschiede von Leonhardt, an den vierten Evangelisten, an das zarte, ideale Evangelium halten, in welchem von äußern und einzelnen Thatsachen überhaupt wenig mitgetheilt und gar keine Geburtsgeschichte gegeben wird. Ihm ist der Gegenstand des Festes nicht sowol das Kind als das Fleisch gewordene Wort. Wir feiern uns selbst, die menschliche Natur, angesehen aus dem göttlichen Princip. Denn Christus ist nichts anderes als der Mensch an sich, das ewige Sein in dem wechselnden Werden, die Einheit des Göttlichen und Irdischen. Auch in uns ist diese Einheit, aber nur in der Form der Einzelheit, des Werdens, und es ist die Aufgabe jedes einzelnen, sich in die menschliche Natur, in das ewige Sein zu erheben. Dies geschieht durch die Gemeinschaft der christlichen Kirche, welche ein Werdendes und Gewordenes ist und als solches zurückgeht auf den Punkt, von dem die Mittheilung des göttlichen Seins ausgegangen, auf den Menschen an sich, oder den Menschensohn schlechthin. Auf ihn ist alles in der Geschichte der Menschheit bezogen, weist alles Frühere hin, alles Nachfolgende zurück. Diese speculative Betrachtung Christi ist offenbar mit der religiösen eng ver-

bunden, und auch in den Entwickelungen der Schleiermacher'-
schen Glaubenslehre finden wir als letzten Abschluß des religiösen Postulats der Einzigkeit und Sündlosigkeit Jesu eine
metaphysische Unterlage, die Einheit des Urbildlichen und
Geschichtlichen, ein Gottesbewußtsein von der Stärke und
Mächtigkeit, welche zugleich ein Sein Gottes in Christo
war.

Am Schlusse des Ganzen tritt endlich Joseph noch auf,
welcher erst während der letzten Rede still mit eingetreten.
Er ist der Vertreter des mystischen Elements in seiner ganzen Innigkeit und Ungebrochenheit, gleichsam der in Schleiermacher übriggebliebene Herrnhutianismus. Ihm kommt
all dies Reden thöricht vor. Alle Formen sind ihm zu steif,
alle Worte zu langweilig und kalt. Der sprachlose Gegenstand verlangt eine sprachlose Freude. Er will ganz Kind
werden und nur wie ein Kind lächeln und jauchzen. Das
religiöse Gefühl bricht hier, sehr bezeichnend für Schleiermacher, mächtig und überwältigend wie ein Strom heiliger
Musik durch alle aufgeworfenen Dämme kunstvoller Reflexion
hindurch, alles löst sich in dieser Musik auf. „Kommt denn
— so heißt es — und laßt uns heiter sein, und etwas Frommes und Fröhliches singen."

D. Carl Schwarz.

Inhalt.

	Seite
Einleitung	V

Monologen. Eine Neujahrsgabe	1
I. Betrachtung	5
II. Prüfungen	19
III. Weltansicht	39
IV. Aussicht	56
V. Jugend und Alter	73
Die Weihnachtsfeier. Ein Gespräch	87

Monologen.

Eine Neujahrsgabe.

Darbietung.

Keine vertrautere Gabe vermag der Mensch dem Menschen anzubieten, als was er im Innersten des Gemüths zu sich selbst geredet hat; denn sie gewährt ihm das Geheimste was es gibt: in ein freies Wesen den offenen ungestörten Blick. Keine zuverlässigere; denn mit dir durchs Leben zieht die Freude, vom reinen Anschaun des Befreundeten erregt, und innere Wahrheit hält deine Liebe fest, daß du gern öfters zur Betrachtung zurückkehrst. Auch keine bewahrst du leichter gegen fremde Lust oder Tücke; denn da ist kein verführerisch Nebenwerk, das den Unberechtigten herbeilockte, oder das misbraucht könnte werden zu geringem und schlechtem Zweck. Und steht auch einer seitwärts, mit schelem Blick unser Kleinod musternd, und will Unechtes dir entdecken an Zeichen, die dein gerades Auge nicht wahrnimmt: so möge dir weder zersplitternde Krittelei noch schaler Spott die Freude rauben, wie es mich niemals gereuen wird, dir mitgetheilt zu haben was ich hatte.

So nimm denn hin die Gabe, der du des Geistes leises Weben verstehen magst! Es töne dein innerer Gesang harmonisch zum Spiel meiner Gefühle! Es werde, was jetzt magnetisch sanft dich durchzieht, jetzt wie ein elektrischer Schlag dich erschüttert bei der Berührung meines Gemüths, auch deiner Lebenkraft ein erfrischender Reiz!

I.

Betrachtung.

Auch die äußere Welt, mit ihren ewigen Gesetzen wie mit ihren flüchtigsten Erscheinungen, strahlt in tausend zarten und erhabenen Bildern, gleich einem Zauberspiegel, unsers Wesens Höchstes und Innerstes auf uns zurück. Welche aber den lauten Aufforderungen ihres tiefen Gefühls nicht gehorchen, welche die leisen Seufzer des gemishandelten Geistes nicht vernehmen, an diesen gehen auch die wohlthätigen Bilder verloren, deren sanfter Reiz den stumpfen Sinn schärfen soll und spielend belehren. Selbst von dem, was der eigene Verstand erdacht hat und immer wieder hervorbringen muß, misverstehen sie die wahre Deutung und die innerste Absicht. So durchschneiden wir die unendliche Linie der Zeit in gleichen Entfernungen, an oft nur willkürlich durch den leichtesten Schein bestimmten Punkten, die für das Leben, weil alles abgemessene Schritte verschmäht, ganz gleichgültig sind, und nach denen nichts sich richten will, weder das Gebäude unserer Werke, noch der Kranz unserer Empfindungen, noch das Spiel unserer Schicksale: und dennoch meinen wir mit diesen Abschnitten etwas mehr als eine Erleichterung für den Zahlenbewahrer, oder ein Kleinod für den Chronologen; bei jedem vielmehr knüpft sich daran unvermeidlich der ernste

Gedanke, daß eine Theilung des Lebens möglich sei. Aber wenige bringen ein in die tiefsinnige Allegorie und verstehen den Sinn der vielfach wiederkehrenden Aufforderung.

Der Mensch kenne nichts als sein Dasein in der Zeit und dessen gleitenden Wandel hinab von der sonnigen Höhe des Genusses in die furchtbare Nacht der Vernichtung; Vorstellung und Empfindung auseinander entwickelnd und ineinander verschlingend — so meinen sie — ziehe eine unsichtbare Hand den Faden seines Lebens fort und drehe ihn jetzt loser, jetzt fester zusammen, und weiter sei nichts. Je schneller seiner Gedanken und Empfindungen Folge, je reicher ihr Wechsel, je harmonischer und inniger ihre Verbindung, desto herrlicher sei das bedeutende Kunstwerk des Daseins vollendet; und wer noch überdies seinen ganzen Zusammenhang mechanisch erklären und auch die geheimsten Springfedern dieses Spiels aufzeigen könne, der stände auf dem Gipfel der Menschheit und des Selbstverständnisses. So nehmen sie das zurückgeworfene Bild ihrer Thätigkeit für ihr eigentliches Thun, die äußern Berührungspunkte ihrer Kraft mit dem, was nicht sie ist, für ihr innerstes Wesen, die Atmosphäre für die Welt selbst, um welche sie sich gebildet hat. Wie wollten solche die Aufforderung verstehen, welche in jener Handlung liegt, der sie nur gedankenlos zusehen!

Der Punkt, der eine Linie durchschneidet, ist nicht ein Theil von ihr, er bezieht sich auf das Unendliche ebenso eigentlich und unmittelbarer als auf sie; und überall in ihr kannst du einen solchen Punkt setzen. So auch der Moment, in welchem du die Bahn des Lebens theilst, soll selbst kein Theil des zeitlichen Lebens sein; anders soll er sich erzeugen und gestalten, um dir ein unmittelbares Bewußtsein von deinen Beziehungen mit dem Ewigen und Unendlichen zu erregen; und überall, wo du willst, kannst du so den

Strom des zeitlichen Lebens hemmen und durchschneiden. Darum erfreue ich mich als einer bedeutungsvollen Mahnung an das Göttliche in mir der schönen Einladung zu einem unsterblichen Dasein außerhalb des Gebietes der Zeit und freigesprochen von ihrem Gesetz. Die aber um den Beruf zu diesem höhern Leben nicht wissen mitten im Strom der flüchtigen Gefühle und Gedanken, finden ihn auch dann nicht, wenn sie, ohne zu wissen was sie thun, die Zeit messen und das irdische Leben abtheilen. Wenn sie lieber nichts merkten von dem, was ihnen gesagt werden soll, daß nicht ihr eitles Thun und Treiben, indem es der hehren Einladung zu folgen strebt, so schmerzlich mein Gemüth bewegte! Wol mögen auch sie einen Punkt haben, den sie nicht ansehen als flüchtige Gegenwart, nur daß sie nicht verstehen ihn als Ewigkeit zu behandeln. Oft auf einen Augenblick, bisweilen auf eine Stunde, nun gar auf einen Tag sprechen sie sich los von der Verpflichtung, so emsig zu handeln, so eifrig Genuß und Einsicht anzustreben, wie es sonst auch der kleinste Theil des Lebens von ihnen verlangt, wenn er sie mahnt, daß er ebenso bald Vergangenheit sein wird, als er noch kürzlich Zukunft war. Dann ekelt es sie, Neues wahrnehmen, oder genießen, wirken oder hervorbringen; sie setzen sich aus Ufer des Lebens, aber können nichts thun, als in die tanzende Welle lächelnd hinabweinen. Gleich der trübsinnigen Wuth, die an des Mannes Grabe Weiber oder Sklaven mordet, so schlachten sie am Grabe des Jahres den Tag, der in leeren Phantasien vergeht, ein vergebliches Opfer.

Für den soll es kein Nachdenken und keine Betrachtung geben, der doch nicht das innere Wesen des Geistes darin erkennt; der soll nicht streben sich loszureißen von der Zeit, der doch in sich nichts kennt, was ihr nicht angehört. Denn wohin sollte er ihrem Strome entsteigen, und was könnte er sich erstreben als fruchtloses Leiden und herbes Vernichtungsgefühl? Vergleichend wägt der eine ab Genuß und Sorge der Vergangenheit und will das Licht, das ihm aus der zurückgelegten Ferne noch nachschimmert, in ein einziges kleines Bild vereinigen unter dem Brennpunkt der Erinnerung. Ein anderer schauet an was er gewirkt, den harten Kampf mit Welt und Schicksal ruft er gern zurück, und froh, daß es noch so geworden, sieht er hie und da auf dem neutralen Boden der gleichgültigen Wirklichkeit ein Denkmal stehen, das er sich aus dem trägen Stoff herausgebildet, obwol alles weit hinter seinem Vorsatz zurückgeblieben. Es forscht ein dritter, was er wol gelernt, und schreitet stolz in vielerweiterten und vollgefüllten Speichern der Kenntnisse daher, erfreut, wie doch so vieles sich in ihm zusammendrängt. O kindisches Beginnen der eitlen Einbildung! Dem fehlt der Kummer, den die Phantasie gebildet, und den aufzubewahren das Gedächtniß sich geschämt; es fehlt jenem der Beistand, den Welt und Schicksal selbst geleistet, wiewol er beide jetzt nur feindlich begrüßen möchte; und dieser bringt nicht mit in Anschlag das Alte, was von dem Neuen verdrängt ward, die Gedanken, die er unter dem Denken, die Vorstellungen, die er unter dem Lernen wieder verlor, und niemals ist die Rechnung richtig. Doch wäre sie es, wie tief verwundet's mich, daß Menschen denken mögen, dies sei Selbstbetrachtung, dies heiße Sich erkennen. Dafür auch wie dürftig endet das hochgepriesene Geschäft! Die Phantasie ergreift das treue Bildniß der vergangenen Zeit, mit schönern Umgebungen nicht sparsam malt sie es in den leeren Raum der nächsten Zukunft und sieht oft seufzend auf das Urbild noch zurück. So ist die letzte Frucht nur jene eitle Hoffnung, daß Besseres kommen werde, oder jene gemeine Klage, daß dahin sei was so schön gewesen, und daß der

Stoff des Lebens mehr und mehr, von Tag zu Tage schmelzend der schönen Flamme bald das Ende zeige.

So zeichnet die Zeit mit leeren Wünschen und mit eitlen Klagen brandmarkend schmerzlich ihre Sklaven, die entrinnen wollten, und macht den schlechtesten dem besten gleich, den sie ebenso sicher sich wieder hascht. Wer statt der Thätigkeit des Geistes, die verborgen in seiner Tiefe sich regt, nur ihre äußere Erscheinung kennt und sieht; wer, statt sich anzuschauen, nur immer von fern und nahe her ein Bild des äußern Lebens und seines Wechsels sich zusammenholt: der bleibt der Zeit und der Nothwendigkeit ein Sklave; was er sinnt und denkt, trägt ihren Stempel, ist ihr Eigenthum, und nie, auch wenn sich selbst er zu betrachten wähnt, ist ihm vergönnt das heilige Gebiet der Freiheit zu betreten. Denn in dem Bilde, das er sich von sich entwirft, ist er sich selbst zum äußern Gegenstand geworden, wie alles andere ihm ist, und alles darin ist nur durch äußere Verhältnisse bestimmt. Wie ihm sein Dasein erscheint, was er dabei sich denkt und fühlt, alles hängt ab vom Gehalt der Zeit und von desjenigen Beschaffenheit, was ihn berührt hat. Wer mit thierischem Gemüthe nur den Genuß sucht, dem scheint sein Leben arm oder reich, nachdem der angenehmen Augenblicke viel oder wenig verstrichen sind in gleicher Zeit; und dieses Bild betrachtet er mit Wohlgefallen oder nicht, je wie das Günstigste darin das erste oder letzte war. Wer ein anmuthiges und gepriesenes Leben bilden wollte, hängt ab von anderer Urtheil über sich, vom Boden, auf dem er stand, und von dem Stoff, den seiner Arbeit das Schicksal vorgelegt; so auch wer wohlthätig zu wirken strebte. Die beugen alle sich dem Scepter der Nothwendigkeit und seufzen unter dem Fluch der Zeit, die nichts bestehen läßt.

Wie ihnen beim Leben zu Muthe ist, das gemahnt mich

wie wenn mannichfaltiger Töne kunstreiche Harmonie dem
Ohr vorbeigerollt und nun verhallt ist, und dann mit dürftigem
Nachklang sich des Halbkenners Phantasie noch abquält und
dem nachseufzt, was nicht wiederkehrt. Und so ist freilich
das Leben nur eine flüchtige Harmonie, aus der Berührung
des Vergänglichen und des Ewigen entsprungen; aber der
Mensch ist gleich der kunstreichen Stimme, aus der jene
Harmonie hervorgeht, der Anschauung ein unvergänglicher
Gegenstand. Frei steht vor mir sein innerstes Handeln, in
dem sein wahres Wesen besteht; und wenn ich dieses betrachte,
fühle ich mich auf dem heiligen Boden der Freiheit und
fern von allen unwürdigen Schranken. Darum muß auf
mich selbst mein Auge gerichtet sein, um jeden Moment nicht
nur verstreichen zu lassen als einen Theil der Zeit, sondern
als Element der Ewigkeit ihn festzuhalten, und als inneres
freies Leben ihn anzuschauen.

Nur für den gibt's Freiheit und Unendlichkeit, der wohl
zu sondern weiß, was in seinem Dasein er selbst ist, und
was Fremdes, was in der Welt ihm Fremdes, was er selbst;
ja nur für den, der klar das große Räthsel, wie beides zu
scheiden ist, und wie es ineinander wirkt, sich gelöst: ein
Räthsel, in dessen alten Finsternissen noch Tausende sich quä=
len und hingegeben, weil das eigene Licht verloschen, dem
trügerischsten Scheine folgen müssen. Die Außenwelt, die
Welt vom Geist geleert, ist jedem von der Menge das Größte
und Erste, der Geist ein kleiner Gast nur auf der Welt,
nicht sicher seines Orts und seiner Kräfte. Mir stellt der
Geist, die Innenwelt, sich kühn der Außenwelt, dem Reich
des Stoffs, der Dinge, gegenüber. Deutet nicht des Geistes
Vermählung mit dem Leibe auf seine große Vermählung
mit allem, was leibähnlich ist? Erfaß' ich nicht mit meiner
Sinne Kraft die Außenwelt? Trag' ich nicht die ewigen

Formen der Dinge ewig in mir? und erkenn' ich sie nicht so nur als den hellen Spiegel meines Innern? Jene fühlen sich voll Ehrfurcht, ja in Furcht daniedergedrückt von den unendlich großen und schweren Massen des Erdenstoffs, zwischen denen sie so klein sich und so unbedeutend scheinen; mir ist das alles nur der große gemeinschaftliche Leib der Menschheit, wie der eigene Leib dem einzelnen gehört, ihr angehörig, nur durch sie möglich und ihr mitgegeben, daß sie ihn beherrsche, sich durch ihn verkünde. Ihr freies Thun ist auf ihn hin gerichtet, um alle seine Pulse zu fühlen, ihn zu bilden, alles sich in Organe umzuwandeln und alle seine Theile mit der Gegenwart des königlichen Geistes zu zeichnen, zu beleben.

So ist die Erde mir der Schauplatz meines freien Thuns und auch in jeglichem Gefühl, wie sehr die Außenwelt es ganz mir aufzubringen scheine, in denen auch, worin ich ihre und des großen Ganzen Gemeinschaft empfinde, dennoch freie innere Thätigkeit. Nichts ist nur Wirkung von ihr auf mich, nein, immer geht auch Wirkung von mir aus auf sie; und nicht in anderm Sinne fühl' ich mich durch sie beschränkt als durch den eigenen Leib. Doch was ich wahrhaft mir, dem einzelnen, entgegensetze, was mir zunächst Welt ist, Allgegenwart und Allmacht in sich schließend, das ist die ewige Gemeinschaft der Geister, ihr Einfluß aufeinander, ihr gegenseitig Bilden, die hohe Harmonie der Freiheit. Und ihr gebührt es, zu verwandeln und zu bilden die Oberfläche meines Wesens und auf mich einzuwirken. Hier, und nur hier ist der Nothwendigkeit Gebiet. Mein Thun ist frei, nicht so mein Wirken in der Welt der Geister; das folget ewigen Gesetzen. Es stößt die Freiheit an der Freiheit sich, und was geschieht, trägt der Beschränkung und Gemeinschaft Zeichen.

Ja, du bist überall das Erste, heilige Freiheit! du wohnst in mir, in allen; Nothwendigkeit ist außer uns gesetzt, ist der bestimmte Ton vom schönen Zusammenstoß der Freiheit, der ihr Dasein verkündet. Mich kann ich nur als Freiheit anschauen; was nothwendig ist, ist nicht mein Thun, es ist sein Widerschein, es sind die Elemente der Welt, die in der fröhlichen Gemeinschaft mit allen ich erschaffen helfe. Ihr gehören die Werke, die auf gemeinschaftlichem Boden mit andern ich erbaut als meinen Antheil an der Schöpfung, die unsere innern Gedanken darstellt; ihr der bald steigenden, bald fallenden Gefühle Gehalt; ihr die Bilder, die kommen und vergehen, und was sonst wechselnd ins Gemüth die Zeit bringt und hinwegnimmt, als Zeichen, daß Geist und Geist sich liebevoll begegnet, als den Kuß der Freundschaft zwischen beiden, der sich anders immer wiederholt. Dies geht, der Tanz der Horen, melodisch und harmonisch nach dem Zeit=
maß; doch Freiheit setzt die Harmonie und gibt die Tonart, und alle zarten Uebergänge sind ihr Werk; sie gehen aus dem innern Handeln und aus dem eigenen Sinn des Men=
schen selbst hervor.

So ist die Freiheit mir in allem das Ursprüngliche und wie das Erste so das Innerste. Wenn ich in mich zurückgehe, um sie anzuschauen, so ist mein Blick auch ausgewandert aus dem Gebiet der Zeit und frei von der Nothwendigkeit Schranken, es weicht jedes drückende Gefühl der Knechtschaft, es wird der Geist sein schöpferisches Wesen inne, das Licht der Gottheit geht mir auf und scheucht die Nebel weit zu=
rück, in denen jene traurig irrend wandeln. Und wie ich mich finde, wie mich erkenne durch die Betrachtung, das hängt nicht ab von Schicksal oder Glück, nicht davon, wie viel der frohen Stunden ich geerntet, noch was gefördert ist und feststeht durch mein Thun, und wie die äußere Darstellung

dem Willen ist gelungen; denn das ist alles ja nicht Ich), ist nur die Welt. Es mochte das Handeln, welches ich betrachte, darauf gerichtet sein, der Menschheit ihren großen Körper zu eignen, ihn zu nähren, die Organe ihm zu schärfen, oder mimisch und kunstreich ihn zu bilden zum Abdruck der Vernunft und des Gemüths: wie ich ihn bei dem Geschäft zu meinem Dienst schon tüchtig fand, wie leicht zu bilden und zu beherrschen die rohe Masse durch des Geistes Macht, dadurch wird zwar die Herrschaft bezeichnet, die schon die Freiheit aller über ihn geübt; es wird bestimmt, was weiter erfolgen kann, was nicht. Allein des Handelns innere Kraft wird dadurch nicht bestimmt; mich selbst fühl' ich darum nicht besser und nicht schlechter, ob die äußern Bedingungen des Handelns ungünstig sind, ob günstig; noch sind' ich, daß dadurch die Welt mit eiserner Nothwendigkeit mir vorgezeichnet, wie viel ich sein darf. Und wie der starken gesunden Seele der Schmerz die Herrschaft über ihren Leib nicht leicht entreißt: so fühl' auch ich mich frei beseelend und regierend den rohen Stoff, gleichviel ob Schmerz, ob Freude folge. Es zeigen beide das innere Leben an, und inneres Leben ist des Geistes Werk und freie That.

Oder war mein Thun darauf gerichtet, die Menschheit in mir zu bestimmen, von ihr in eigener Gestalt und festen Zügen eine Seite darzustellen, und so selbst werdend Welt zugleich zu bilden, indem ich der Gemeinschaft freier Geister ein eigenes und freies Handeln darbot: es bleibt dasselbe dem darauf gewandten Blick, ob nun unmittelbar etwas daraus entstand, das außer mir auch und für andere feststeht, ob nicht; und ob mein Handeln gleich dem Handeln eines andern sich verband, ob nicht. Mein Thun war doch nicht leer; bin ich nur in mir selbst bestimmter und eigenthümlicher geworden, so hab' ich durch mein Werden auch dazu doch den Grund gelegt, daß anders als zuvor, sei's früher oder später, das Handeln eines andern, auf meines treffend, sichtbare That vermählend stiftet. Daher denn kehr' ich nimmer traurig von der Betrachtung meiner selbst zurück, noch sing' ich jemals dem gebrochenen Willen, dem überwundenen Entschlusse Klagelieder nach, gleich denen, welche nicht ins Innere bringen und nur im Einzelnen und Aeußern sich selbst zu finden wähnen.

Klar wie der Unterschied des Innern und Aeußern vor mir steht, so weiß ich, wer ich bin, und finde mich selbst im innern Handeln nur, im äußern nur die Welt; und beides weiß ich wohl zu scheiden, nicht ungewiß wie jene zwischen beiden schwankend in verwirrungsvoller Dunkelheit. Darum weiß ich auch, wo Freiheit ist zu suchen und ihr heiliges Gefühl, das dem sich stets verweigert, dessen Blick nur auf dem äußern Thun und Leben der Menschen weilt. Wie sehr ein solcher sich vertiefen mag in tausend Irrgängen der Betrachtung, sinnend und denkend hin und her; und könnt' er alles leicht erreichen: diesen Begriff versagt sein Denken ihm. Er folgt nicht nur dem Winke der Nothwendigkeit, in abergläubiger Weisheit, in knechtischer Demuth muß er sie suchen, muß sie glauben, auch wo er sie nicht sieht; und Freiheit scheint ihm nur eine Larve, hinter welche bald zum Scherz, bald ernst betrügerisch sich die Nothwendigkeit verbirgt. So sieht der Sinnliche, wie nur äußerlich sein Thun ist und sein Denken, auch alles nur vereinzelt und äußerlich. Er kann sich selbst auch für nichts anderes nehmen als einen Inbegriff von flüchtigen Erscheinungen, deren immer eine die andere aufhebt und zerstört, die nicht zusammen zu begreifen sind; ein volles Bild von seinem Wesen zerfließt in tausend Widersprüchen ihm.

Wol widerspricht im äußerlichen Wirken ein einzelnes

dem andern, das Wirken hebt Leiden auf, das Denken zerstört Empfindung, und das Anschauen bringt unthätige Ruhe den regen Kräften, die nach außen streben, ab. Im Innern aber ist alles eins, ein jedes Handeln ist Ergänzung nur zum andern, in jedem ist das andere auch enthalten. Drum hebt auch weit über das einzelne, das in bestimmter Folge und festen Schranken sich übersehen läßt, die Selbstanschauung mich hinaus. Es gibt kein Handeln in mir, das ich vereinzelt recht betrachten, keins, von dem ich dann sagen könnte, es sei ein ganzes. Ein jedes Thun führt immer mich auf die ganze Einheit meines Wesens zurück, nichts ist getheilt, und jede Thätigkeit begleitet die andere; es findet die Betrachtung keine Schranken, muß immer unvollendet bleiben, wenn sie lebendig bleiben will. Mein ganzes Wesen kann ich wieder nicht vernehmen, ohne die Menschheit anzuschauen und meinen Ort und Stand in ihrem Reich mir zu bestimmen; und die Menschheit, wer vermöchte sie zu denken, ohne daß Sehnsucht ihn erfüllte, sich ins unermeßliche Gebiet aller Gestaltungen und Stufen des Geistes denkend zu verlieren.

Sie ist es also, die hohe Selbstbetrachtung, und sie ist es allein, die mich in Stand setzt, der erhabenen Forderung zu genügen, daß der Mensch nicht sterblich nur im Reich der Zeit, auch im Gebiet der Ewigkeit unsterblich, nicht irdisch nur, auch göttlich soll sein Leben führen. Leicht fließt dahin mein irdisch Thun im Strom der Zeit, es wandeln sich Vorstellungen und Gefühle, und ich vermag nicht eines festzuhalten; schnell fliegt vorbei der Schauplatz, den ich spielend mir gebildet, und auf der sichern Welle führt der Strom mich Neuem stets entgegen. So oft ich aber ins innere Selbst den Blick zurückwende, bin ich zugleich im Reich der Ewigkeit; ich schau des Geistes Leben an, das keine Welt verwandeln und keine Zeit zerstören kann, das selbst erst Welt und Zeit erschafft. Auch bedarf es nicht etwa der Stunde, die ein Jahr von dem andern trennt, mich aufzufordern zum Genuß des Ewigen und mir das Auge des Geistes zu wecken, welches vielen ja geschlossen ist, wenn auch das Herz schlägt und die Glieder sich regen. Immer möchte das göttliche Leben führen, wer es einmal gekostet hat, jegliches Thun soll begleiten der Blick in des Geistes Geheimnisse; so kann jeden Augenblick der Mensch auch über der Zeit leben, zugleich in der höhern Welt.

Es sagen zwar die Weisen selbst, mäßig sollest du dich mit Einem begnügen, Leben sei eins, und in der Tiefe der Betrachtung sich verlieren ein anderes; indem du getragen werdest von der Zeit geschäftig in der Welt, könnest du nicht zugleich ruhig dich anschauen in deinem innersten Wesen. Es sagen die Künstler, indem du bildest und dichtest, müsse die Seele ganz verloren sein in das Werk und dürfe nicht wissen was sie beginnt. Aber wage es, meine Seele, trotz der verständigen Warnung; eile entgegen deinem Ziele, das ein anderes vielleicht ist als das ihre! Mehr kann der Mensch, als er meint; aber auch dem Höchsten nachstrebend erreicht er nur einiges. Kann das geheimste innerste Denken des Weisen zugleich ein äußeres Handeln sein hinaus in die Welt zur Mittheilung und Belehrung: warum soll denn nicht äußeres Handeln in der Welt, was es auch sei, zugleich sein können ein stilles Betrachten des Handelns? Ist das Schauen des Geistes in sich selbst die göttliche Quelle alles Bildens und Dichtens, und findet er nur in sich, was er darstellt im unsterblichen Werk: warum soll nicht bei allem Bilden und Dichten, das immer nur ihn darstellt, er auch zurückschauen in sich selbst? Theile nicht was ewig vereint ist, dein Wesen, das weder das Thun noch das Wissen um sein Thun entbehren kann, ohne

sich zu zerstören! Bewege alles in der Welt und richte
aus was du vermagst, gib dich hin dem Gefühl deiner an=
geborenen Schranken, bearbeite jedes Mittel der geistigen
Gemeinschaft, stelle dar dein Eigenthümliches und zeichne
mit deinem Gepräge alles was dich umgibt, arbeite an den
heiligen Werken der Menschheit, ziehe an die befreundeten
Geister: aber immer schaue in dich selbst, wisse was du thust
und erkenne deines Handelns Maß und Gestalt.

Der Gedanke, mit dem sie die Gottheit zu denken mei=
nen, welche sie nimmer erreichen, hat doch die Wahrheit
eines schönen Sinnbildes von dem, was der Mensch sein soll.
Kraft seines Willens ist die Welt da für den Geist; höchste
Freiheit ist die Thätigkeit, die sich in seinem wechselnden
sie bildenden Handeln ausdrückt; und unverrückt in diesem
Handeln sich seiner selbst bewußt, als immer desselben, feiert
er ein seliges Leben. Sodaß der Geist nichts bedarf als
sich selbst, und weder vergeht je die Betrachtung dem zu=
rückbleibenden Gegenstand, noch stirbt der Gegenstand vor
der überlebenden Betrachtung. So haben sie auch gedichtet
die Unsterblichkeit, die sie allzu genügsam erst nach der Zeit
suchen, statt inner und über der Zeit, und ihre Fabeln sind
weiser als sie selbst. Dem sinnlichen Menschen erscheint ja
das innere Handeln nur als ein Schatten der äußern That,
und ins Reich der Schatten haben sie die Seele auf ewig
gesetzt und gemeint, daß dort unten nur ein dürftiges Bild
der frühern Thätigkeit ein dunkles Leben ihr friste; aber klarer
als der Olymp ist das, was der dürftige Sinn verbannte
in unterirdische Finsterniß, und das Reich der Schatten sei
mir schon hier das Urbild der Wirklichkeit. Jenseit der zeit=
lichen Welt liegt ihnen ja die Gottheit, und die Gottheit
anzuschauen und zu loben haben sie den Menschen nach dem
Tode auf ewig befreit von den Schranken der Zeit; aber es

schwebt schon jetzt der Geist über der zeitlichen Welt, und solches Schauen ist Ewigkeit und unsterblicher Gesänge himmlischer Genuß.

Beginne darum schon jetzt dein ewiges Leben in steter Selbstbetrachtung; sorge nicht um das was kommen wird, weine nicht um das was vergeht: aber sorge, dich selbst nicht zu verlieren, und weine, wenn du dahintreibst im Strome der Zeit, ohne den Himmel in dir zu tragen.

II.
Prüfungen.

Es scheuen die Menschen, in sich selbst zu sehen, und knechtisch erzittern viele, wenn sie endlich länger nicht der Frage ausweichen können, was sie gethan, was sie geworden, wer sie sind. Aengstlich ist ihnen das Geschäft und ungewiß der Ausgang. Sie meinen, leichter könne ein Mensch den andern kennen als sich selbst; sie glauben nur würdige Bescheidenheit zu zeigen, wenn sie nach der strengsten Untersuchung sich noch den Irrthum in der Rechnung vorbehalten.

Doch ist es nur der Wille, der den Menschen vor sich selbst verbirgt; das Urtheil kann nicht irren, wenn er anders den Blick nur wirklich auf sich wendet. Aber das ist es, was sie weder können noch mögen. Es halten das Leben und die Welt sie ganz gebunden; und absichtlich das Auge beschränkt, um ja nichts anderes wahrzunehmen, erblicken sie stets von sich nur trüben Schatten, gauklerischen Widerschein. Den andern zwar kann ich nur aus seinen Thaten kennen, denn niemals tritt sein inneres Leben selbst vor mein Auge; was eigentlich er strebte, kann ich unmittelbar nie wissen, nur die Thaten vergleich' ich unter sich und darf unsicher nur vermuthen, worauf die Handlung wol in ihm gerichtet war und welcher Geist ihn trieb. Doch Schmach, wer auch sich selbst nur wie der Fremde den Fremden betrachtet, wer auch um sein eigenes inneres Leben nicht weiß und wunder wie klug sich dünkt, indem er nur den letzten auf äußere That gerichteten Entschluß belauscht, mit dem Gefühl, das ihn begleitet, mit dem Begriff, der ihm unmittelbar voranging, ihn zusammenstellt. Wie will der je den andern oder sich erkennen? Was kann beim Schluß vom Aeußern auf das Innere die schwankende Vermuthung leiten deß, der auf nichts unmittelbar Gewisses bauend mit lauter unbekannten Größen rechnen will? Ein stetes Vorgefühl des Irrthums erzeugt ihm Bangigkeit; die dunkle Ahnung, er sei selbst verschuldet, beengt das Herz, und unstet schweifen die Gedanken aus Scheu vor jenem kleinen Antheil des Selbstbewußtseins, den leider herabgewürdigt zum Zuchtmeister er bei sich tragen und ungern öfters hören muß.

Wol haben sie Ursache, zu besorgen, wenn sie redlich das innere Thun, das ihrem Leben zum Grunde lag, erforschten, sie möchten oft nicht die Vernunft darin erkennen, und möchten das Gewissen, dieses Bewußtsein der Menschheit, schwer verletzt sehen; denn wer sein letztes Handeln nicht betrachtet hat, kann auch nicht Bürgschaft leisten, ob er beim nächsten noch bewähren wird, daß er der Menschheit angehöre, und ihrer werth sich zeigen. Den Faden des Selbstbewußtseins hat ein solcher sei's niemals angesponnen, sei's wieder zerrissen; hat er sich einmal nur der äußern Vorstellung, dem niedern Gefühl ergeben und dem entsagt, worin am deutlichsten die höhere Natur sich zeigt: wie kann er wissen, ob er nicht in plumpe Thierheit ist hinabgestürzt?

Die Menschheit in sich selbst betrachten und, wenn man einmal sie gefunden, nie den Blick von ihr verwenden, dies ist das einzige sichere Mittel, aus ihrem heiligen Gebiet nie zu verirren und nie das edelste Gefühl des eigenen Selbst zu vermissen. Dies ist die innige und nothwendige, nur Thoren und Menschen trägen Sinnes unerklärte und geheimnißvolle Verbindung zwischen Thun und Schauen. Ein wahrhaft menschlich Handeln erzeugt das klare Bewußtsein der Menschheit in mir, und dies Bewußtsein läßt kein anderes als der Menschheit würdiges Handeln zu. Wer sich zu dieser Klarheit nie erheben kann, den treibt vergeblich dunkle Ahnung nur umher; vergebens wird er erzogen und gewöhnt, sinnt sich tausend hülfreiche Künste aus und faßt Entschlüsse, um sich gewaltsam wieder hineinzudrängen in die verlassene Gemeinschaft — es öffnen sich die heiligen Schranken nicht, er bleibt auf ungeweihtem Boden und kann nicht der gereizten Gottheit Verfolgungen entgehen und dem schmählichen Gefühle der Verbannung aus dem Vaterlande. Eitler Tand ist's immer und leeres Beginnen, im Reich der Freiheit Regeln geben und Versuche machen. Ein einziger freier Entschluß gehört dazu, ein Mensch zu sein: wer den einmal gefaßt, wird's immer bleiben; wer aufhört es zu sein, ist's nie gewesen.

Mit stolzer Freude denk' ich noch der Zeit, da ich das Bewußtsein der Menschheit fand und wußte, daß ich nun nie es mehr verlieren würde. Von innen kam die hohe Offenbarung, durch keine Tugendlehren und kein System der Weisen hervorgebracht; das lange Suchen, dem nicht dies, nicht jene genügen wollten, krönte ein heller Augenblick: die Freiheit löste die dunkeln Zweifel durch die That. Ich darf es sagen, daß ich nie seitdem mich selbst verloren. Was sie Gewissen nennen, kenne ich so nicht mehr; so straft mich kein Gefühl, so braucht mich keins zu mahnen. Auch streb' ich nicht seitdem nach der und jener Tugend und freue mich besonders dieser oder jener Handlung, wie jene, denen nur im flüchtigen Leben einzeln und bisweilen ein zweifelhaftes

Zeugniß der Vernunft erscheint. In stiller Ruhe, in wechsel= loser Einfalt führ' ich ununterbrochen das Bewußtsein der ganzen Menschheit in mir. Gern und leichten Herzens seh' ich oft mein Handeln im Zusammenhang, und sicher daß ich nirgend etwas, was die Vernunft verleugnen müßte, finden werde.

Wenn dies das einzige wäre, was ich von mir fordere: wie lange könnt' ich mich zur Ruhe begeben und vollendet das Ende suchen! Denn unerschüttert fest steht die Gewiß= heit, und es würde mir strafwürdige Feigheit scheinen, die mein Sinn nicht kennt, wenn ich von langer Lebenszeit erst vollere Bestätigung erwarten und bange zweifeln wollte, ob nicht doch etwas sich ereignen könnte, was im Stande wäre mich hinabzustürzen von der Höhe der Vernunft zu thie= rischer Verworrenheit und sinnlicher Vereinzelung. Aber Zweifel sind auch mir noch mitgegeben; es ward ein an= deres und höheres Ziel mir vorgesteckt, als jenes erreicht war, und bald stärker, bald schwächer es im Auge habend, weiß nicht immer die Selbstbetrachtung, auf welchem Wege ich mich ihm nähere, auf welchem Punkt des Weges ich stehe, und schwankt im Urtheil. Doch wird es sicherer und bestätigt sich mehr, je öfter ich wiederkehre zur alten Untersuchung. Wäre aber auch Gewißheit mir noch so fern, ich wollte doch nur schweigend suchen und nicht klagen; denn stärker als der Zweifel ist die Freude, gefunden zu haben was ich suchen soll und dem gemeinen Wahn entronnen zu sein, der viele der Bessern zeitlebens täuscht und sie verhin= dert, zur rechten Höhe des Lebens sich emporzuschwingen. Lange genügte es auch mir, nur die Vernunft gefunden zu haben, und die Gleichheit des Einen Daseins als das Einzige und Höchste verehrend, glaubte ich, es gebe nur Ein Rech= tes für jeden Fall, es müsse das Handeln in allen dasselbe sein, und nur wiefern doch jedem seine eigene Lage, sein eigener Ort gegeben sei, unterscheide sich einer vom andern, nur in der Mannichfaltigkeit der äußern Thaten offenbare sich verschieden die Menschheit; der innere Mensch, der einzelne, sei nicht ein eigenthümlich gebildet Wesen, sondern überall ein jeder an sich dem andern gleich.

So besinnt sich nur allmählich der Mensch, und nicht vollkommen alle! Wenn einer, die unwürdige Einzelheit des sinnlichen thierischen Lebens verschmähend, das Bewußtsein der allgemeinen Menschheit gewinnt und vor der Pflicht sich niederwirft, vermag er nicht sogleich auch zu der höhern Eigenheit der Bildung und der Sittlichkeit emporzublicken und die Natur, die durch die Freiheit ausgebildet mit ihr ganz eins geworden, zu schauen und zu verstehen. In unbestimmter Mitte schwebend erhalten sich die meisten und zeigen zwar wirklich alle Bestandtheile der Menschheit; aber wie das Gestein, dem Ruhe nicht ward noch Raum, zur eigenthümlichen Gestaltung sich zu krystallisiren, nur als rohe Masse erscheint: so alle die, welche den Gedanken der Eigenthümlichkeit des Einzelwesens nicht gefaßt. Mich hat er ergriffen. Nicht lange beruhigte mich das Gefühl der Freiheit allein; ich fragte: warum doch die Persönlichkeit und die Einheit des fließenden vergänglichen Bewußtseins in mir? Und es drängte mich, ein höheres Sittliches zu suchen, dessen Bedeutung sie wäre. Mir wollte nicht genügen, daß die Menschheit nur da sein sollte als eine gleichförmige Masse, die zwar äußerlich zerstückelt erschiene, doch so, daß alles innerlich dasselbe sei. Es nahm mich wunder, daß die besondere geistige Gestalt der Menschen ganz ohne innern Grund auf äußere Weise, nur durch Reibung und Berührung, sich sollte zur zusammengehaltenen Einheit der vorübergehenden Erscheinung bilden.

So ist mir aufgegangen, was seitdem am meisten mich erhebt, so ist mir klar geworden, daß jeder Mensch auf eigene Art die Menschheit darstellen soll, in eigener Mischung ihrer Elemente, damit auf jede Weise sie sich offenbare und alles wirklich werde in der Fülle des Raums und der Zeit, was irgend Verschiedenes aus ihrem Schoße hervorgehen kann. Mich hat vorzüglich dieser Gedanke emporgehoben und gesondert von dem Geringern und Ungebildeten, das mich umgibt; ich fühle mich durch ihn ein einzeln gewolltes, also auserlesenes Werk der Gottheit, das besonderer Gestalt und Bildung sich erfreuen soll; und die freie That, zu der dieser Gedanke gehört, hat versammelt und innig verbunden zu einem eigenthümlichen Dasein die Elemente der menschlichen Natur. Hätt' ich stets seitdem das Eigene in meinem Thun auch so bestimmt gefühlt und so beharrlich es betrachtet, wie ich immer das Menschliche in mir geschaut; wär' ich jedes Handelns und Beschränkens, das Folge ist von jener freien That, mir eigens bewußt geworden, und hätt' ich unverrückt auch jeder Aeußerung der Natur bei ihrer weitern Bildung recht zugesehen: so könnt' ich auch darüber keinen Zweifel hegen, welches Gebiet der Menschheit mir angehöre, und wo von meiner Ausdehnung und meinen Schranken der gemeinschaftliche Grund zu suchen sei; den ganzen Inhalt meines Wesens müßt' ich genau ermessen, auf allen Punkten meine Grenzen kennen und prophetisch wissen, was ich noch sein und werden kann. Allein nur schwer und spät gelangt der Mensch zum vollen Bewußtsein seiner Eigenthümlichkeit; nicht immer wagt er's, darauf hinzusehen, und richtet lieber das Auge auf den Gemeinbesitz der Menschheit, den er liebend und dankbar schon länger festhält, ja zweifelt oft, ob ihm gebühre, sich als eigenes Wesen wieder gewissermaßen loszureißen aus der Gemeinschaft, und ob er nicht Gefahr

laufe wieder zurückzusinken in die alte strafwürdige Beschränkt=
heit auf den engen Kreis der äußern Persönlichkeit, das Sinn=
liche verwechselnd mit dem Geistigen, und spät erst lernt er
recht das höchste Vorrecht schätzen und gebrauchen. So muß
das unterbrochene Bewußtsein lange schwankend bleiben; das
eigenste Bestreben der Natur wird oftmals nicht bemerkt, und
wenn am deutlichsten sich ihre Schranken offenbaren, gleitet
das Auge nur allzu leicht oft an den Umrissen vorbei und
hält da nur das unbestimmte Gemeinsame fest, wo eben in
der Verneinung sich das Eigene zeigt. Zufrieden darf ich
damit sein, wie weit der Wille die Trägheit schon gezähmt,
und wie die Uebung den Blick geschärft, dem wenig mehr
entgeht. Wo ich jetzt, was es sei, nach meinem Geist und
Sinne betreibe, da stellt die Phantasie zum deutlichsten Be=
weise der innern Bestimmtheit noch tausend Arten vor, wie,
ohne der Menschheit Gesetze zu verletzen, anders gehandelt
werden konnte, in anderm Geist und Sinn; ich denke mich
in tausend Bildungen hinein, um desto deutlicher die eigene
zu erblicken.

Doch, weil noch nicht vollendet das Bild in allen Zügen vor
mir steht, und weil noch nicht ein immer ununterbrochener Zu=
sammenhang des hellen Selbstbewußtseins mir für seine Wahr=
heit bürgt, darf auch noch nicht in immer gleicher und ruhi=
ger Haltung die Selbstbetrachtung gehen; absichtlich muß sie
öfter sich das ganze Thun und Streben und die Geschichte
meines Selbst vergegenwärtigen, und darf der Freunde Mei=
nung, die ich gern ins Innere schauen lasse, nicht überhören,
wenn ihre Stimme von dem eigenen Urtheil abweicht. Zwar
schein' ich mir derselbe noch zu sein, der ich gewesen als
mein besseres Leben anfing, nur fester und bestimmter. Wie
sollt' auch wol der Mensch, nachdem er einmal zum unab=
hängigen und eigenen Dasein gelangt ist, mitten im Werden

und sich Bilden plötzlich eine andere Richtung nehmen in sich selbst? oder wie sollt' es ihm begegnen, ohne daß er's wüßte? Was uns nicht selten so erscheint, ist doch gewiß entweder nur Schein, der auf dem Wechsel der äußern Gegenstände beruht, oder es ist Berichtigung unserer frühern Ansicht und enthüllt uns tiefer eines Menschen inneres Wesen, den wir vorher, zu flüchtig, falsch beurtheilt. Vor allem aber mich selbst hab' ich entweder nie verstanden, oder ich bin noch jetzt der ich zu sein geglaubt, und jeder scheinbare Widerspruch muß mir, wenn die Betrachtung ihn gelöst, nur um so sicherer zeigen, wo und wie die letzten Enden meines Wesens verborgen und zur Harmonie verbunden sind.

Von allen Gegensätzen im Beruf und Thun der Menschen, in denen sich zugleich die Verschiedenheit ihrer Naturen bekundet, tritt immer noch dieser mir, was mich betrifft, am stärksten entgegen. Die Menschheit in sich zu einer entschiedenen Gestalt durch wechselreiches Handeln bilden, und sie kunstreiche Werke verfertigend äußerlich so darstellen, daß jeder was man zeigen wollte erkennen muß: dies beides ist zu sehr zweierlei, als daß es vielen könnte in gleichem Maße beschieden sein. Wer freilich noch in dem äußern Vorhof der Sittlichkeit sich aufhält und als Neuling, aus Furcht sich zu beschränken, noch fester Bestimmung abhold ist, der wird gern beides in rohen Versuchen durcheinanderwerfen, in beidem wenig leistend; und so schwankt auch das Leben der meisten Menschen von einer zu der andern Seite. Doch wer schon tiefer eingedrungen ist in das Heiligthum der Sittlichkeit, wird bald dem einen vorzugsweise nachstreben, und nur sparsame Gemeinschaft bleibt ihm übrig mit dem andern. Erst am Ende scheinen sich beide Bahnen einander wieder zu nähern, sodaß beides zu vereinen nur eine solche Vollkommenheit vermag, die selten der Mensch erreicht. Wie könnte mir's zweifelhaft erscheinen, welche von beiden ich gewählt? So ganz entschieden vermied ich immer mich um das zu mühen, was den Künstler macht, so sehnsuchtsvoll ergriff ich alles, was der eigenen Bildung frommt und ihre Bestimmung beschleunigt und befestigt, daß hier kein Zweifel bleibt. Es jagt der Künstler von allem, was Zeichen und Symbol der Menschheit werden kann, mit ungetheilter Liebe einem nach: der wühlt den Schatz der Sprachen durch, das Chaos der Töne bildet der zur Welt; der sucht geheimen Sinn und Harmonie im schönen Farbenspiel der Natur; in jedem Werk, das sich ihnen darstellt, ergründen sie den Eindruck aller Theile, des Ganzen Zusammenfassung und Gesetz, und freuen sich des kunstreichen Gefäßes mehr oft als des köstlichen Gehaltes, den es darbeut. Dann bilden sich in ihnen neue Gedanken zu neuen Werken, sie nähren heimlich sich im Gemüth und wachsen, in stiller Verborgenheit gepflegt; es rastet nimmer der Fleiß, es wechseln Entwurf und Ausführung; es bessert immer allmählich die Uebung unermüdet, das reifere Urtheil zügelt und bändigt die Phantasie: so geht des Künstlers bildende Natur entgegen dem Ziele der Vollkommenheit.

Mir aber hat dies alles nur an andern der Sinn erspäht, doch meinem eigenen Treiben bleibt es fremd. Andächtig zwar betrachte ich gern der Künstler Werke; aber aus jedem Kunstwerk strahlt mir, was Menschliches darin ist abgebildet, weit heller als des Bildners Kunst entgegen; nur mit Mühe ergreif' ich diese in späterer Betrachtung und erkenne nur ein wenig von ihrem Wesen. Ich gebe frei mich hin der freien Natur; und wie sie ihre schönen bedeutungsvollen Zeichen mir darbeut, wecken sie alle in mir Empfindungen und Gedanken, ohne daß mich's je gewaltsam drängte, was ich geschaut umbildend anders und bestimmter zu eigenem

Werke zu gestalten. Und muß ich irgendwie darstellen, niemals liegt es mir am Herzen, dem Stoff die letzte Spur des Widerstrebens wegzuglätten, das Werk bis zur Vollendung zu zwingen, wie der Künstler strebt; drum scheue ich Uebung, und wenn ich einmal in Handlung dargestellt was in mir wohnt, so müh' ich mich nicht weiter, daß etwas schöner immer und faßlicher die That sich oft erneue. Die freie Muße ist meine liebe Göttin; da lernt im unbefangenen Sinnen der Mensch sich selbst begreifen und bestimmen, da gründet der Gedanke seine Macht und herrscht dann leicht über alles, wenn die Welt auch Thaten von ihm fordert. Drum darf ich auch nicht, wie der Künstler, einsam bilden; es trocknen mir in der Einsamkeit die Säfte des Gemüths, es stockt der Gedanken Lauf; ich muß hinaus in mancherlei Gemeinschaft mit den andern Geistern, nicht nur zu schauen, wieviel es Menschliches gibt, was lange ja wol immer mir fremd bleibt, und was hingegen mein eigen werden kann —; nein, auch immer fester durch Geben und Empfangen das eigene Wesen zu bestimmen. Der ungestillte Durst, es weiter stets zu bilden, verstattet nicht, daß ich der That, der Mittheilung des Innern, auch äußere Vollendung gebe; ich stelle die Handlung und die Rede hin in die Welt, es kümmert mich nicht, ob Schauende und Hörer mit ihrem Sinn durchdringen durch die rauhe Schale, ob sie den innersten Gedanken, den eigenen Geist auch in der unvollkommnern Darstellung glücklich finden. Mir bleibt nicht Zeit, nicht Lust, danach zu fragen; fort muß ich von der Stelle, wo ich stand, durch neues Thun und Denken im kurzen Leben noch das eigene Wesen, soweit es möglich, zu vollenden. Schon zweimal zu wiederholen haff' ich, ein unkünstlerisch Gemüth. Drum mag ich alles gern in Gemeinschaft treiben; beim innern Denken, beim Anschauen, beim Aneignen des Fremden bedarf ich irgendeines geliebten Wesens Gegenwart, daß gleich an die innere That sich reihe die Mittheilung, und durch die süße und leichte Gabe der Freundschaft ich mich leicht abfinde mit der Welt. So war es, so ist es; und noch bin ich so fern von meinem Ziele, daß ich's aufgebe, jemals darüber hinauszukommen. Wohl hab' ich recht, was auch die Freunde sagen, mich auszuschließen aus dem heiligen Gebiet der Künstler. Gern sag' ich allem ab, was sie mir liehen, wenn ich nur in dem Felde, wo ich mich hingestellt, mich weniger unvollendet finde.

So öffne sich denn noch einmal meiner prüfenden Betrachtung das weitverbreitete Gebiet der Menschheit, das die bewohnen, die nur in sich hinein zu wirken trachten, nicht außer sich ein bleibend Werk hervorzubringen, die nur den Geist durch alles, was sie umgibt, zu nähren bedacht und dann zufrieden sind in wechselreichem Thun sich darzustellen, wie es Zeit und Ort ergibt. Hier will ich schauen, ob mir ein eigener Platz gebührt, ob nicht; ob in mir ist was sich zusammenreimt, oder ob ein innerer Widerspruch verhindert, daß die Zeichnung sich nicht schließen kann, und bald als ein verunglückter Entwurf mein eigenes Wesen, statt die Vollendung zu erreichen, sich auflöst in ein leeres Nichts. O nein, ich darf nicht fürchten, es erhebt sich kein traurig ahnendes Gefühl im Innern des Gemüths. Ich erkenne wie alles ineinandergreift, ein wahres Ganzes zu bilden, ich fühle keinen fremden Bestandtheil, der mich drückt, auch fehlt mir kein Organ, kein edles Glied zum eigenen Leben. Wer sich zu einem bestimmten Wesen bilden will, dem muß der Sinn geöffnet sein für alles, was er nicht ist. Auch hier im Gebiet der höchsten Sittlichkeit regiert dieselbe genaue Verbindung zwischen Thun und Schauen. Nur wenn der Mensch im gegenwärtigen Handeln sich seiner Eigenheit bewußt ist, kann er sicher sein, sie auch im künftigen nicht zu verletzen; und nur wenn er von sich beständig fordert, die ganze Menschheit anzuschauen und jeder andern Darstellung von ihr sich und die seine vergleichend gegenüberzustellen, kann er das Bewußtsein seiner Selbstheit erhalten: denn nur durch Entgegensetzung wird das einzelne erkannt.

Die erste Bedingung der eigenen Vollendung im bestimmten Kreise ist allgemeiner Sinn. Und dieser, wie könnt' er wol bestehen ohne Liebe? Schon im ersten Versuch, sich so zu bilden, müßte das furchtbare Misverhältniß zwischen Geben und Empfangen bald das Gemüth zerrütten, und weit hinaus es treiben aus der Bahn, und den, der so ein eigenes Wesen werden wollte, ganz zertrümmern, oder zur Gemeinheit ihn herunterstürzen. Ja, Liebe, du Anziehungskraft der geistigen Welt, kein eigenes Leben und keine Bildung ist möglich ohne dich; ohne dich müßt' alles in gleichförmige rohe Masse zerfließen! Die freilich weiter nichts als solche zu sein begehren, bedürfen deiner nicht; ihnen genügt Gesetz und Pflicht, gleichmäßig Handeln und Gerechtigkeit; ein unbrauchbares Kleinod wäre ihnen das heilige Gefühl. Drum lassen sie auch das wenige, was ihnen davon gegeben ist, nur ungebaut verwildern, und das Heilige verkennend, werfen sie es sorglos mit ein in das gemeine Gut der Menschheit, das nach Einem Gesetz verwaltet werden soll. Uns aber bist du das erste wie das letzte: keine Bildung ohne Liebe, und ohne eigene Bildung keine Vollendung in der Liebe; eins das andere ergänzend wächst beides unzertrennlich fort. Vereint sind' ich in mir die beiden großen Bedingungen der Sittlichkeit: ich habe Sinn und Liebe zu eigen mir gemacht, und immer weiter noch entwickeln beide sich, zum sichern Zeugniß, daß frisch und gesund das Leben sei, und daß noch fester die eigene Bildung werde.

Was ist's, wofür mein Sinn verschlossen wäre? Die Freunde, welche jeden begabten Freund so gern zum Meister und Künstler in der Wissenschaft erheben möchten, klagen genug, daß keine Beschränkung von mir zu gewinnen sei, daß jede Hoffnung trüge, wenn es einmal scheint, als wollt' ich alles Ernstes ausschließend mich zu einer Sache begeben; denn wenn ich eine Ansicht mir errungen, so eile nach gewohnter Weise der flüchtige Geist bald wieder zu andern Gegenständen fort. O möchten sie doch einmal mir Ruhe gönnen und begreifen, wie nicht anders meine Bestimmung ist, und wie sehr mir's in der Ferne liegen muß, im einzelnen die Wissenschaft zu bilden, weil meine Sorge nur ist, freilich auch durch Wissen, mich selbst zu bilden, gleichgültig ob sich gar nicht oder spät vielleicht auch jenes noch ergibt. Vergönnten sie mir doch, den Sinn für alles, was sie geschäftig thun und treiben, mir offen zu erhalten, und möchten sie, was durch das Anschauen ihres Thuns ich in mir bilde, doch auch für etwas achten, das ihrer Mühe werth gewesen sei. Diese nun zeugen durch ihre Klagen für mich; aber ihnen entgegen klagen andere, die, zwar verschiedener Natur, dennoch gleich mir in aller menschlichen Dinge Inneres einzudringen streben, es sei im Grunde beschränkt mein Sinn, ich vermöcht' es über mich, gleichgültig vor vielem Heiligen vorüberzugehen und durch eitle Streitsucht den unbefangenen tiefen Blick mir zu verderben. Ja, ich gehe vor vielem noch vorüber, aber gleichgültig nicht; ich streite, ja, doch nur um unbefangen den Blick mir zu erhalten. So und nicht anders muß ich thun nach meiner Art, bestrebt, gleichmäßig mir den Sinn zu füllen und zu erweitern. Wo sich mir das Gefühl von etwas, das im Gebier der Menschheit mir noch unbekannt ist, aufdringt, da ist mein erstes, zu streiten, nicht ob es sei, nur daß es nicht das, und das allein sei, wofür es der mir gibt, durch den ich es zuerst erblickte. Es fürchtet der spät erwachte Geist, erinnernd wie lange er fremdes Joch getragen, immer wieder aufs neue die Herrschaft fremder Meinung; und wo in neuen Gegenständen ein unerforschtes Leben sich ihm enthüllt, da rüstet er sich erst, die Waffen in der Hand, sich Freiheit zu erringen, um nicht in des fremden Einflusses Knechtschaft ein jedes wieder wie das erste zu beginnen. Hab' ich so die eigene Ansicht mir erst gewonnen, dann ist die Zeit des Streits vorüber; ich lasse gern jede neben der meinigen bestehen, und der Sinn vollendet friedlich das Geschäft, sich jede zu deuten und in ihren Standpunkt einzudringen.

So ist, was oft Beschränkung des Sinnes scheint zu sein, in Wahrheit nur seine erste Regung. Oft hat sie freilich sich äußern müssen in dieser schönen Periode des Lebens, wo so vieles Neue mich berührt, wo manches mir im hellen Lichte erschien, was ich bisher nur dunkel geahnt, wofür ich den Raum mir leer gelassen hatte. Oft hat sie feindlich die berühren müssen, die mir der neuen Einsicht Quelle waren. Gelassen habe ich es angesehen, vertrauend daß auch sie es einst verstehen werden, wenn tiefer erst ihr Sinn in mich wird eingedrungen sein. So haben mich auch oft die Freunde nicht verstanden, wenn ich nicht streitend aber untheilnehmend ruhig vor dem vorüberging, was sie mit Wärme und frischem Eifer rasch umfaßten. Nicht alles kann auf einmal der Sinn ergreifen, vergeblich ist's, in einer einzigen Handlung sein Geschäft vollenden wollen; unendlich geht es in zwiefacher Richtung immer fort, und jeder muß seine Weise haben, wie er beides vereint, um so das Ganze zu vollbringen. Mir ist's versagt, wenn etwas Neues das Gemüth berührt, mit heftigem Feuer gleich ins Innerste der Sache zu bringen und bis zur Vollendung sie zu kennen. Ein solches Verfahren ziemt dem Gleichmuth nicht, der von meines Wesens Harmonie der Grundton ist. Heraus aus meines Lebens Mitte würde es mich werfen, mir irgendetwas so zu vereinzeln; und in dem einen mich vertiefend, würde ich nur das andere mir entfremden, ohne jenes doch als mein wahres Eigenthum zu haben. Niederlegen muß ich erst jede neue Erwerbung im Innern des Gemüths, und dann das gewohnte Spiel des Lebens mit seinem mannichfaltigen Thun forttreiben, daß sich mit dem Alten das Neue erst mische und Berührungspunkte gewinne mit allem, was schon in mir war. Nur so gelingt es mir, allmählich eine tiefere und innigere Anschauung mir zu bereiten; es muß der Wechsel zwischen Betrachtung und Gebrauch gar oft sich wiederholen, ehe ich etwas ganz durchdrungen und ergründet zu haben mich erfreuen mag. So und nicht anders darf ich zu Werke gehen, wenn nicht mein inneres Wesen verletzt soll werden, weil in mir Selbstbildung und Thätigkeit des Sinnes möglichst in jeglichem Momente das Gleichgewicht sich halten sollen. Nur langsam schreit' ich also fort, und langes Leben kann mir gewährt sein, ehe ich alles in gleichem Grad umfaßt. Doch weniger als andere hab' ich auch zurückzunehmen; denn was ich so aufgefaßt, ist mir auch eigen, mit meinem Stempel bezeichnet; und wieviel meinem Sinne vergönnt wird zu ergreifen von der Welt, das wird auf diesem Wege in mir durchgebildet werden und in mein Wesen übergehen.

O wie viel reicher ist es schon geworden! Welches frohe Bewußtsein des erworbenen Werthes, welch erhöhtes Gefühl des eigenen Lebens und Daseins krönt mir die Selbstbetrachtung beim Blick auf den Gewinn so vieler schönen Tage! Nicht war vergebens die stille Thätigkeit, die ungeschäftig müßiges Leben von außen scheint; kräftig hat sie das innere Werk der Bildung gefördert. Dies wäre nicht so weit gediehen bei mancherlei verwickelt buntem Verkehr und Treiben, das meiner Natur nicht angemessen, noch minder bei erzwungener Beschränkung meines Sinnes. Drum kann ich nur beklagen, daß des Menschen inneres Wesen so miskannt werden kann von denen selbst, die wol es überall zu kennen vermöchten und verdienten; daß doch auch ihrer so viele nicht von der äußern That zur innern Bewegung durchdringen mit ihrem Blick, oder diese eben wie jene im einzelnen aus abgerissenen Stücken zu erkennen meinen, und deshalb auch wo alles übereinstimmt Widersprüche ahnen. Ist denn der eigene Charakter meines Wesens so schwer zu finden? Versagt mir diese Schwierigkeit auf immer den liebsten Wunsch meines Herzens, sich allen Würdigen mehr und mehr zu offenbaren? Ja, auch jetzt, indem ich tief in mein Inneres schaue, bestätigt sich aufs neue mir, daß dies der Trieb sei, der am stärksten mich bewegt. So ist's, wie oft mir auch gesagt wird, ich sei verschlossen und stoße der Lieb' und Freundschaft heiliges Anerbieten oft kalt zurück. Wol dünkt mich niemals nöthig, von dem was ich gethan, was mir geschehen ist, zu reden; zu unbedeutend acht' ich alles, was an mir der Welt gehört, als daß ich den damit verweilen sollte, den ich das Innere gern erkennen ließe. Auch red' ich nicht von dem, was nur noch dunkel und ungebildet in mir liegt und noch der Klarheit mangelt, die es erst zum Meinigen macht. Wie sollt' ich eben das dem Freund entgegentragen, was mir noch nicht gehört? Warum ihm badnrch, was ich schon wirklich bin, verbergen? Wie sollt' ich hoffen ohne Misverstand das mitzutheilen, was ich selbst noch nicht verstehe? Solche Vorsicht ist nicht Verschlossenheit und Mangel an Liebe; sie ist nur heilige Ehrfurcht, ohne welche die Liebe nichts ist, ist zarte Sorgfalt, das Höchste nicht zu entweihen noch in Verwirrung zu verstricken. Sobald ich etwas Neues mir angeeignet, an Bildung und Selbständigkeit hier oder dort gewonnen: eile ich dann nicht in Wort und That dem Freund es zu verkünden, daß er die Freude mit mir theile und, meines innern Lebens Wachsthum wahrnehmend, selbst gewinne? Wie mich selbst lieb' ich den Freund: sobald ich etwas für mein erkenne, gebe ich's ihm hin.

So nehm' ich freilich auch an dem, was er thut und was ihm geschieht, nicht immer so großen Antheil als die meisten, die sich Freunde nennen. Sein äußeres Handeln, wenn ich das Innere, aus dem es herfließt, schon verstehe und weiß, daß es so sein muß, weil er so ist wie er ist, läßt mich gar unbesorgt und ruhig. Es hat als That mit meiner Liebe wenig zu schaffen, es gewährt ihr nicht so viel Nahrung, noch regt es mir so sehr Bewunderung und Freude auf als denen, die minder vorher das Innere des Handelnden verstanden. Auch als Ereigniß spannt es mir weniger die Erwartung als denen, für die alles hängt an Glück und an Erfolg; der Welt gehört's, und unter der Nothwendigkeit Gesetze muß es sich fügen mit allem was draus folgt; und was nun folgt, was dem Freund geschieht, er wird es schon mit Freiheit seiner würdig zu behandeln wissen. Das andere kümmert mich nichts, ich sehe ruhig seinem Schicksal wie dem meinen zu. Wer achtet das für kalte Gleichgültigkeit? Es ist die Frucht nur jenes hellen Bewußtseins davon, was an jedem Menschen er selbst ist, und was der Welt außer ihm gehört, jenes Bewußtseins, wonach ich überall mich selbst behandle, worauf die Achtung gegen mich und das Gefühl der Freiheit ruht: soll ich ihm minder folgen in dem, was den Freund betrifft, als was mich selbst?

Das ist es, dessen ich mich hoch erfreue, daß meine Liebe und Freundschaft nie unedeln Ursprungs sind, nie auf des Geliebten sinnlich Wohlergehen gerichtet, mit keiner gemeinen

Empfindung je gemischt, nie der Gewohnheit, nie des weichen Sinnes, noch minder störriger Parteisucht Werk, immer der Freiheit reinste That, und auf das eigene innerste Sein des Menschen allein gerichtet. Verschlossen war ich immer jenen gemeinen Gefühlen; nie hat mir Wohlthat Freundschaft abgelockt, nie Schönheit Liebe; nie hat das Mitleid mich so befangen, daß es dem Unglück Verdienst geliehen und den Leidenden mir anders und besser dargestellt; nie Uebereinstimmung im einzelnen mich so ergriffen, daß ich mich über die Verschiedenheit des tiefsten Innern je getäuscht. So war für wahre Liebe und Freundschaft freier Raum gelassen im Gemüth, und nimmer weicht die Sehnsucht, ihn reicher stets und mannichfaltiger auszufüllen. Wo ich Anlage merke zur Eigenthümlichkeit, weil Sinn und Liebe, die hohen Bürgen, da sind, da ist auch für mich ein Gegenstand der Liebe. Jedes eigene Wesen möcht' ich mit Liebe umfassen, von der unbefangenen Jugend an, in der die Freiheit erst keimt, bis zur reiffsten Vollendung der Menschheit; jedes, das ich so erblicke, begrüß' ich in mir mit der Liebe Gruß, wenn auch die That nur angedeutet bleibt, weil mehr nicht als ein flüchtiges Begegnen uns vergönnt wird. Auch mess' ich nie nach irgendeinem weltlichen Maßstab, nach der äußern Ansicht des Menschen ihm Freundschaft zu. Weit überflieget Welt und Zeit der Blick und sucht die innere Größe des Menschen auf. Ob schon jetzt sein Sinn viel oder wenig hat umfaßt, wie weit er in der eigenen Bildung vorgerückt, wie viel er Werke vollendet oder sonst gethan, das darf mich nicht bestimmen, und leicht kann ich mich trösten, wenn es fehlt. Sein eigenthümlich Sein und das Verhältniß desselben zur gesammten menschlichen Natur, das ist es was ich suche: so viel ich jenes finde und dieses verstehe, so viel Liebe habe ich für ihn; allein beweisen kann ich freilich ihm nur so viel, als er auch mich versteht. Deshalb, ach, ist sie so oft mir unbegriffen zurückgekehrt: des Herzens Sprache wurde nicht vernommen, gleich als wär' ich stumm geblieben; und jene meinten auch, ich wäre stumm.

In nahen Bahnen wandeln oft die Menschen, und kommen doch nicht einer in des andern Nähe; vergebens ruft der Ahnungsreiche und den nach freundlicher Begegnung verlangt: es horcht der andere nicht. Oft nähern andere sich einander, deren Bahnen weit auseinandergehen; es meint der eine wol, es sei für immer, doch ist's nur ein Moment; entgegengesetzte Bewegung reißt jeden fort, und keiner begreift, wo ihm der andere hingekommen. So ist es meiner Sehnsucht nach Liebe oft ergangen; wär' es schmählich nicht, wenn sie nicht endlich reif geworden, die allzu leichte Hoffnung geflohen wäre, und ahnungsreiche Weisheit eingekehrt? „So viel wird der von dir verstehen, und jener jenes; mit dieser Liebe magst du den umfassen, halte sie gegen jenen doch zurück": so ruft mir Mäßigung oft zu, doch oft vergebens. Es läßt der innere Drang des Herzens nicht der Klugheit Raum; viel weniger daß die stolze Anmaßung ich hegte, den Menschen und ihrem Sinn für mich und meine Liebe Schranken zu setzen. Mehr setze ich immer voraus, versuche stets aufs neue, und werde der Habsucht gleich gestraft, oft im Versuch verlierend was ich hatte. Doch es kann nicht anders dem Menschen, der sich eigen bildet, ergehen; und daß es so mir geht, ist nur der sicherste Beweis, daß ich mich eigen bilde. Je mehr ins Allgemeine strebt der Sinn, von desto mehrern Kreisen fühlt auch, wer sich bildet, sich angezogen, und die auf einen davon beschränkt sind wähnen dann, der Theilnehmende sei der Ihrigen einer. Je mehr sich alles eigen gestaltet in mir, um desto mehr gehört auch allgemeiner Sinn dazu und freie Liebe zu fremdartiger Bildung, wenn einer auf die Dauer mich soll verstehen und lieben. Wie man es von Kometen wol geglaubt, verbindet der Gebildete gar viele Weltsysteme, bewegt um manche Sonne sich. Jetzt erblickt ihn freudig ein Gestirn, es strebt ihn zu erkennen, und freundlich beugt er nähernd sich heran; dann sieht's ihn wieder in fernen Räumen, verändert scheint ihm die Gestalt, es zweifelt ob er noch derselbe sei. Er aber kehrt wieder im raschen Lauf, begegnet ihm wieder mit Liebe und Freundschaft. Wo ist das schöne Ideal vollkommener Vereinigung? die Freundschaft, die gleich vollendet auf beiden Seiten ist? Nur wenn in gleichem Maße beiden Sinn und Liebe fast über alles Maß hinaus gewachsen sind. Dann aber sind mit der Liebe zugleich auch sie vollendet, und es schlüge dann gewiß die Stunde, die wol allen schon früher hat geschlagen, — der Unendlichkeit sich wiederzugeben und in ihren Schos zurückzukehren aus der Welt.

III.

Weltansicht.

Dem trüben Alter, meinen sie, sei's vergönnt, nur Klagen Raum zu geben über die Welt; verzeihlich sei es, wenn lieber das Auge sich rückwärts wende zur bessern Zeit der vollen Stärke des eigenen Lebens. Die fröhliche Jugend müsse froh die Welt anlächeln, müsse, nicht achtend des Mangelnden, was da ist nutzen und der Hoffnung süßen Täuschungen gern vertrauen. Doch Wahrheit sehe nur der, nur der verstehe die Welt zu richten, welcher zwischen den beiden sich in sicherer Mitte glücklich halte, nicht eitel trauernd, noch trüglich hoffend. Doch solche Ruh' ist nur der thörichte Uebergang von der Hoffnung zur Verachtung; und solcher Weisheit Rede nur der dumpfe Widerhall der gern zurückgehaltenen Schritte, mit denen sie aus der Jugend ins Alter gleiten; solche Zufriedenheit nur verkehrter Höflichkeit Betrug, der nicht die Welt, die ihn ja bald verläßt, zu schmähen scheinen will, noch weniger auf einmal unrecht geben sich selbst; solch Lob ist Eitelkeit, die sich schämt ihres Irrthums, Vergessenheit, die nicht mehr weiß was sie begehrte im vorigen Augenblick, und träger Sinn, dem, wenn es Mühe gelten soll, lieber die Armuth genügt.

Ich habe mir nicht geschmeichelt, als ich jung war: so denk' ich auch nicht jetzt, nicht jemals der Welt zu schmeicheln. Den nichts Erwartenden konnte sie nicht kränken: so

werd' auch ich sie nicht aus Rache verletzen. Wenig hab' ich
gethan, um sie zu bilden wie sie ist: so hab' ich auch kein
Bedürfniß sie vortrefflicher zu finden. Allein des schnöden
Lobes ekelt mich, das ihr von allen Seiten verschwendet
wird, damit wieder das Werk die Meister lobe. Von Ver=
besserung der Welt spricht so gern das verkehrte Geschlecht, um
selbst für besser zu gelten und über seine Väter sich zu erheben.
Und stiege von der schönsten Blüte der Menschheit wirklich
schon der süße Duft empor; wären auf dem gemeinschaftlichen
Boden in ungemessener Zahl die Keime der eigenen Bildung
über jede Gefahr hinaus gediehen; lebte alles und freute sich
in heiliger Freiheit; umfaßte alles mit Liebe sich und trüge
wunderbar vereinigt immer neue und wundervolle Früchte:
sie könnten nicht glänzender den Zustand der Menschheit prei=
sen. Als hätten ihres gewaltigen Verstandes donnernde Stim=
men die Ketten der Unwissenheit gesprengt; als hätten von
der menschlichen Natur, die nur als dunkles kaum kenn=
bares Nachtstück abgebildet war, nun endlich sie ein kunstreich
Gemälde aufgestellt, wo geheimnißvolles Licht — ach, kommt's
von oben oder von unten her? — alles wunderbar erleuchtet,
daß kein gesundes Auge mehr den ganzen Umriß oder einzelne
Züge verfehlen könne; als hätte ihrer Weisheit Musik die
rohe räuberische Eigensucht zum zahmen geselligen Hausthier
umgeschaffen und Künste sie gelehrt: so reden sie von der
heutigen Welt, und jeder kleine Zeitraum, der verstrichen,
soll reich an neuem Gut gewesen sein. Wie tief im Innern
ich das Geschlecht verachte, das so schamlos, als nie ein frü=
heres gethan, sich brüstet, den Glauben kaum an eine bessere
Zukunft ertragen kann und alle, die ihr angehören, schnöde
beschimpft, und nur darum dies alles, weil das wahre Ziel
der Menschheit, zu welchem es kaum einen Schritt gewagt,
ihm unbekannt in dunkler Ferne liegt!

Ja, wem es genügt, daß nur die Körperwelt der Mensch beherrscht; daß er alle ihre Kräfte erforscht, um zum Dienst des äußern Lebens sie zu gebrauchen; daß nicht der Raum die Wirkung des Geistes auf die Körper zu gewaltsam lähmt, und schnell des Willens Wink an jedem Ort die Thätigkeit erzeugt, die er fordert; daß alles sich bewähre als unter den Befehlen des Gedanken stehend, und überall des Geistes Gegenwart sich offenbart; daß jeder rohe Stoff beseelt erscheint, und im Gefühle solcher Herrschaft über ihren Körper die Menschheit sich einer sonst nicht gekannten Kraft und Fülle des sinnlichen Lebens freut: wem das ihr letztes Ziel ist, der stimme mit ein in dieses laute Lob. Mit Recht rühmt der Mensch sich dieser Herrschaft jetzt so, wie er's noch nie gekonnt; denn wie viel ihm auch noch übrig sei, so viel doch ist nun gethan, daß er sich fühlen muß als Herr der Erde, daß ihm nichts Unversuchtes bleiben darf auf seinem eigenthümlichen Boden, und immer enger der Unmöglichkeit Gebiet zusammenschwindet. Die Gemeinschaft, die hierzu mich mit allen verbindet, fühl' ich in jedem Augenblick des Lebens als Ergänzung der eigenen Kraft. Ein jeder treibt sein bestimmt Geschäft, vollendet des einen Werk, den er nicht kannte, arbeitet dem andern vor, der nichts von seinen Verdiensten um ihn weiß. So fördert über den ganzen Erdkreis sich der Menschen gemeinsames Werk, jeder fühlt fremder Kräfte Wirkung als eigenes Leben, und wie elektrisch Feuer führt die kunstreiche Maschine dieser Gemeinschaft jede leise Bewegung des einen durch eine Kette von tausenden verstärkt zum Ziele, als wären sie alle seine Glieder, und alles was sie gethan sein Werk, im Augenblick vollbracht. Ja dies Gefühl gemeinsam erhöhten Lebens wohnt noch lebendiger wol und reicher in mir als in jenen, die so laut es rühmen. Mich stört nicht täuschend ihre trübe Einbildung, daß es so ungleich die genießen, die doch alle es erzeugen und erhalten helfen. Denn nur durch Gedankenleere, durch Trägheit im Betrachten verlieren sie alle; von allen fordert Gewohnheit ihren Abzug, und wo ich immer Beschränkung und Kraft vergleichend berechne, ich finde überall dieselbe Formel, nur anders ausgedrückt, und gleiches Maß von Genuß verbreitet sich über alle.

Und doch, auch so acht' ich dies ganze Gefühl gering; nicht etwas besser noch in dieser Art wünsch' ich die Welt, sondern es würde mich peinigen wie Vernichtung, wenn dies sollte das ganze Werk der Menschheit sein, und nur daran unheilig ihre heilige Kraft verschwendet. Nein, meine Forderungen bleiben nicht bescheiden stehen bei diesem bessern Verhältniß des Menschen zu der äußern Welt, und wär' es auf den höchsten Gipfel der Vollendung schon gebracht. Wofür denn diese höhere Gewalt über den Stoff, wenn sie nicht fördert das eigene Leben des Geistes selbst? Was rühmt ihr euch jener äußern Gemeinschaft, wenn sie nicht fördert die Gemeinschaft der Geister selbst? Gesundheit und Stärke sind wol ein hohes Gut, aber verachtet ihr nicht jeden, der sie nur braucht zu leerem Gepränge? Ist denn der Mensch ein sinnlich Wesen nur, daß auch das höchste Gefühl des leiblichen Lebens, denn sein Leib ist ja die Erde, ihm alles sein darf? Genügt's dem Geiste, daß er nur den Leib bewohne, fortsetzend und vergrößernd ihn ausbilde, und herrschend seiner sich bewußt sei? Und darauf allein geht ja ihr ganzes Streben, darauf gründet sich ihr ungemessener Stolz. So hoch nur sind sie gestiegen im Bewußtsein der Menschheit, daß von der Sorge für das körperliche Leben und Wohlsein des einzelnen sie zur Sorge für das gleiche Wohlbefinden aller sich erheben. Das ist ihnen Tugend, Gerechtigkeit und Liebe; das ist über die niedere Eigensucht ihr großes Triumphgeschrei;

das ist ihnen das Ende aller Weisheit; nur solche Ringe vermögen sie zu zerbrechen in der Kette der Unwissenheit, dazu soll jeder helfen, es ist nur dazu jegliche Gemeinschaft eingerichtet. O des verkehrten Wesens, daß der Geist alle seine Kräfte dem für andere widmen soll, was er für sich um beffern Preis verschmäht! O des verschrobenen Sinnes, dem in so niederm Götzendienste das Höchste gern zu opfern Tugend scheint!

Beuge dich denn, o Seele, dem herben Schicksal, nur in dieser schlechten und finstern Zeit das Licht gesehen zu haben. Für dein Bestreben, für dein inneres Thun ist wenig von einer solchen Welt zu hoffen; nicht als Erhöhung, immer nur als Beschränkung deiner Kraft wirst du deine Gemeinschaft mit ihr empfinden müssen. So geht es allen, die das Beffere kennen und wollen. Nach Liebe dürstet manches Menschen Herz; es schwebt ihm deutlich vor, wie der Freund geartet müßte sein, mit dem er durch den Tausch des Denkens und Empfindens zur gegenseitigen Bildung und zum erhöhten Bewußtsein sich verbinden, wie die Geliebte, der er ganz sich geben und volles Leben bei ihr finden könnte: doch wenn er nicht, durch Zufall glücklich, im gleichen Kreise des äußern Lebens auf gleicher Höhe der Gesellschaft sie entdeckt, so seufzen beide wol vergeblich im gleichen Wunsch das kurze Leben hin. Denn noch immer fesselt den Menschen ja sein äußerer Stand, die Stelle, die er in jener dürftigen Gemeinschaft nicht sich erringen kann, nein die ihm angewiesen wird; und fester hält der Mensch an diesen Banden, als an der mütterlichen Erde die Pflanze hängt. Warum doch? Weil es ihnen wenig kostet, das höhere geistige Leben hart zu bedrücken, um sicherer, wie sie meinen, das niedere zu genießen. Darum darf noch keine heitere Gemeinschaft gedeihen, kein freies offenes Leben; darum wohnen sie wunderlich, fast kloster=

mäßig gesondert in kleinen dumpfen Zellen nebeneinander mehr als miteinander; darum scheuen sie jeden großen Verein, nur einen elenden Schein davon zusammensetzend aus vielen kleinen; und wie das Vaterland lächerlich zerstückelt ist, so auch jede einzelne Gesellschaft wieder. Wol ist manchem der Sinn geöffnet, um das innere Wesen der Menschheit zu ergreifen, verständig ihre verschiedenen Gestalten anzuschauen, oder in sich zu saugen die Natur und mit Liebe sich einzuschmiegen in ihre Geheimnisse. Doch in öde Wildniß oder in unfruchtbare Ueppigkeit ist er gestellt, wo ewiges Einerlei dem Verlangen des Geistes keine Nahrung gibt; es kränkelt in sich gekehrt die Phantasie, es muß in träumerischem Irrthum sich der Geist verzehren, in misgestalteten Versuchen erschöpfen die gebärende Kraft; denn kein günstiger Wind trägt ihn in ein besseres Klima liebreich fort, keinen hülfreichen Freund kann er erreichen, dem Beruf es wäre, mit Nahrungsstoff den Dürftigen zu versehen, befruchtend ihm der Erkenntniß Quellen zuzuleiten. Des Schwarzen jammervolles Schicksal, der, aus dem väterlichen Lande von den geliebten Herzen fortgerissen, zu niederm Dienst in unbekannter Ferne verdammt ist, täglich legt's der Lauf der Welt auch Bessern auf, die, zu den unbekannten Freunden in ihre wahre Heimat zu ziehen gehindert, in öder ihnen ewig fremder Nähe bei schlechtem Dienst ihr inneres Leben verzehren. Wol manchen drängt innerlich der Trieb, kunstreiche Werke zu bilden; doch den Stoff zu sichten und was unschicklich wäre sorgsam ohne Schaden herauszusondern, oder, wenn in schöner Einheit und Größe der Entwurf gemacht ist, auch die letzte Vollendung und Glätte jedem Theile zu geben, das ist ihm versagt. Gewährt ihm einer, was ihm fehlt, bietet ihm einer mit Freiheit seinen Vorrath oder krönt durch seine That das Unvollendete? Nein, vereinzelt muß jeder stehen und unternehmen, was ihm nicht gelingt; der Darstellung der Menschheit, dem Bilden schöner Werke fehlt die Gemeinschaft der Talente, die im äußern Dienst der Menschheit schon lange gestiftet ist; nur schmerzlich wird dem Künstler das Dasein der andern bemerklich, indem an seinem Werk ihr Urtheil tadelt, was ihrem Genius fremd ist, und er erfahren muß, daß des schönen Eigenen Wirkung gehemmt wird, weil sie Fremdes verlangen!

So sucht vergebens der Mensch für das, was ihm das Größte ist, in der Gemeinschaft mit den Menschen Erleichterung und Hülfe. Was hier und dort die Erde bringt, beschreiben tausende; wo irgendeine Sache, deren ich bedarf, zu finden sei, kann ich in einem Augenblick erfahren, im zweiten kann der Glückliche sie schon besitzen: doch die Gemüther aufzufinden, durch deren Kraft ihr inneres Leben gedeihen könnte, vermögen nur wenige, dazu gibt's keine Gemeinschaft in der Welt; die Menschen, die einander bedürfen, näher sich zu bringen, ist keines Geschäft. Ja, Hülfe solcher Art zu fordern, ist Aergerniß und Thorheit den geliebten Söhnen dieser Zeit; und eine höhere mehr innige Gemeinschaft der Geister ahnen und beschränktem Sinn und kleinen Vorurtheilen zum Trotz sie fördern wollen, ist eitle Schwärmerei. Ungeschickte Begierde soll es sein, nicht Armuth, was Schranken fühlen läßt, die so uns drücken; strafbare Trägheit, nicht Mangel an hülfreicher Gemeinschaft, was unzufrieden mit der Welt den Menschen macht und seinen leeren Wünschen gebietet, auf weitem Felde der Unmöglichkeit umherzuschweifen. Unmöglichkeiten nur für den, dessen Blick auf niederer Fläche der Gegenwart nur einen kleinen Horizont bestreicht. Wie müßt' ich traurig verzweifeln, ob jemals ihrem Ziele die Menschheit näher kommen würde, wenn ich mit blöder Phantasie nur an dem Wirklichen und seinen nächsten Folgen haften müßte!

Es seufzt, was zur bessern Welt gehört, in düsterer Sklaverei. Was vorhanden ist von geistiger Gemeinschaft, ist herabgewürdigt zum Dienst der irdischen; nur dieser nützlich, wirkt es dem Geiste Beschränkung, thut dem innern Leben Abbruch. Wenn der Freund dem Freunde die Hand zum Bündniß reicht: es sollten Thaten daraus hervorgehen, größer als jedes einzelnen; frei sollte jeder jeden gewähren lassen, wozu der Geist ihn treibt, und nur sich hülfreich zeigen, wo es jenem fehlt, nicht seinem Gedanken den eigenen unterschiebend. So fände jeder im andern Leben und Nahrung, und was er werden könnte, würd' er ganz. Wie treiben sie es dagegen in der Welt? Zum irdischen Dienst ist einer stets dem andern gewärtig, bereit das eigene Wohlsein aufzuopfern; Einsicht und Welterfahrung mitzutheilen, gefühlvoll Schmerzen mitzuleiden und zu lindern, ist das Höchste. Doch in der Freundschaft ist immer Feindschaft gegen die innere Natur; absondern wollten sie des Freundes Fehler von seinem Wesen, und was in ihnen Fehler wäre, scheint's auch in ihm. So muß jeder von seiner Eigenheit dem andern opfern, bis beide sich selber ungleich nur einander ähnlich sind, wenn nicht ein fester Wille das Verderben aufhält, daß lange zwischen Streit und Eintracht die falsche Freundschaft kränkelt oder plötzlich abreißt. Verderben dem, der ein weich Gemüth besitzt, wenn ihm ein Freund sich anhängt! Von neuem und kräftigem Leben träumt dem Armen, er freut der schönen Stunden sich, die ihm in süßer Mittheilung vergehen; und merkt nicht, wie in eingebildetem Wohlergehen der Geist sich ausgibt und verschuldet, bis gelähmt von allen Seiten und bedrängt sein inneres Leben sich verliert. So gehen der Bessern viele umher, kaum noch zu kennen der Grundriß des eigenen Wesens, beschnitten von der Freunde Hand und überklebt mit fremdem Zusatz.

Es bindet süße Liebe Mann und Frau, sie gehen den eigenen Herd sich zu erbauen. Wie eigene Wesen aus ihrer Liebe Schos hervorgehen, so soll aus ihrer Naturen Harmonie ein neuer gemeinschaftlicher Wille sich erzeugen; das stille Haus mit seinen Geschäften, seinen Ordnungen und Freuden soll als freie That dessen Dasein bekunden. Allein wie muß ich immer und überall das schönste Band der Menschheit so entheiligt sehen! Ein Geheimniß bleibt ihnen, was sie thun, wenn sie es knüpfen; jeder hat und macht sich seinen Willen nach wie vor, abwechselnd herrscht der eine und der andere, und traurig rechnet in der Stille jeder, ob der Gewinn wol aufwiegt, was er an baarer Freiheit gekostet hat; des einen Schicksal wird der andere endlich, und im Anschauen der kalten Nothwendigkeit erlischt der Liebe Glut. Alle bringt so am Ende die gleiche Rechnung auf das gleiche Nichts. Es sollte jedes Haus der schöne Leib, das schönste Werk einer eigenen Seele sein und eigene Gestalt und Züge haben; doch fast alle werden sie in stumpfer Einförmigkeit das öde Grab der Freiheit und des wahren Lebens. Macht sie ihn glücklich, lebt sie ganz für ihn? Macht er sie glücklich, ist er ganz Gefälligkeit? Macht beide nichts so glücklich, als wo einer dem andern sich aufopfern kann? O quäle mich nicht, Bild des Jammers, der tief hinter ihrer Freude wohnt, des nahen Todes Zeichen, der ihnen diesen letzten Schein des Lebens, sein gewohntes Gaukelspiel nur vormalt!

Wo sind vom Staat die alten Märchen der Weisen? Wo ist die Kraft, die diese höchste Entwickelung des Daseins dem Menschen geben, das Bewußtsein, das jeder haben soll, ein Theil zu sein von des Vaterlandes Vernunft und Phantasie und Stärke? Wo ist die Liebe zu diesem höhern selbstgeschaffenen Dasein, die lieber das enge persönliche Bewußtsein opfern als jenes verlieren will, die lieber das Leben wagt, als daß das Vaterland gemordet werde? Wo ist die Vorsicht, welche sorgsam wacht, daß auch Verführung ihm nicht nahe und sein Gemüth verderbe? Wo ist der eigene Charakter jedes Staats, und wo die Werke, durch die er sich verkündet? So fern ist dies Geschlecht von jeder Ahnung, was diese Seite der Menschheit wol bedeuten mag, daß sie von einem bessern Organismus der Gesellschaft träumen, gerade wie von einem Ideal des Menschen; daß wer im Staate lebt, es sei der neuen oder der alten einer, in seine Form gern alle gießen möchte; daß der Weise in seinen Werken ein Muster für die Zukunft niederlegt und hofft, es werde doch einmal zu ihrem Heil die ganze Menschheit es als ein Symbol verehren; daß alle glauben, der sei der beste Staat, den man am wenigsten empfindet und der auch das Bedürfniß, daß er da sein müsse, am wenigsten empfinden läßt. Wer so das herrlichste Kunstwerk des Menschen, wodurch er auf die höchste Stufe sein Wesen stellen soll, nur als ein nothwendiges Uebel betrachtet, als ein unentbehrliches Maschinenwerk, um seine Gebrechen zu verbergen und unschädlicher zu machen, der muß ja das nur als Beschränkung fühlen, was ihm den höchsten Grad des Lebens zu gewähren bestimmt ist.

Und dies ist so großer Uebel schnöder Ursprung, daß nur für äußere Gemeinschaft der Sinnenwelt Sinn bei den Menschen zu finden ist, und daß nach dieser sie alles messen und modeln wollen. In der Gemeinschaft der Sinnenwelt muß immer Beschränkung sein; es muß der Mensch, der seinen Leib durch äußern Besitz fortsetzen und vergrößern will, dem andern ja auch den Raum vergönnen, das Gleiche zu thun; wo einer steht, da ist des andern Grenze, und nur darum dulden sie es gelassen, weil sie doch die Welt nicht könnten allein besitzen, weil sie doch des andern Leib und Besitz auch brauchen können. Darauf ist alles andere auch gerichtet: vermehrten äußern Besitz des Habens und Wissens, Schutz und Hülfe gegen Schicksal und Unglück, vermehrte Kraft im Bündniß zur Beschränkung der andern: das nur sucht und findet der Mensch von heute in Freundschaft, Ehe und Vaterland, nicht Hülfe und Ergänzung der Kraft zur eigenen Bildung, nicht Gewinn an neuem innern Leben. Hieran vielmehr hindert ihn jegliche Gemeinschaft, die er eingeht, vom ersten Bande der Erziehung an, wo schon der junge Geist, statt freien Spielraum zu gewinnen und Welt und Menschheit in ihrem ganzen Umfang zu erblicken, nach fremden Gedanken beschränkt und früh schon zu des Lebens langer Knechtschaft gewöhnt wird. O mitten im Reichthum beklagenswerthe Armuth! Hülfloser Kampf des Bessern, der die Sittlichkeit und Bildung sucht, mit dieser Welt, die statt deren nur Recht und Gebot erkennt, statt Lebens nur todte Formeln bietet, statt freien Handelns nur Regel und Gewohnheit liebt und hoher Weisheit sich rühmt, wenn irgendeine veraltete Form sie glücklich beiseite schafft und etwas Neues gebiert, was Leben scheint, doch allzu bald selbst wieder Formel sein wird und todte Gewohnheit. Was könnte mich retten, wärst du nicht, göttliche Phantasie, und gäbst mir der bessern Zukunft sichere Ahnung!

Ja, Bildung wird sich aus der Barbarei entwickeln, und Leben aus dem Todtenschlaf! Da sind sie schon, die Elemente des bessern Seins. Nicht immer wird die höhere Kraft verborgen schlummern; es weckt der Geist sie früher oder später, der die Menschheit beseelt. Wie jetzt die Bildung der Erde für den Menschen erhaben ist über jene wilde Herrschaft der Natur, da noch schüchtern der Mensch vor jeder Aeußerung ihrer Kräfte floh: nicht weiter kann doch die selige Zeit der wahren Gemeinschaft der Geister entfernt von diesen

Kinderjahren der Menschheit sein. Nichts hätte der rohe Sklave der Natur geglaubt von solcher künftigen Herrschaft über sie, noch hätte er begriffen, was die Seele des Sehers, der davon geweissagt, so bei dieser Ahnung hob; denn es fehlte ihm an der Vorstellung sogar von solchem Zustand, nach dem er keine Sehnsucht fühlte: so begreift auch nicht der Mensch von heute, wenn jemand ihm andere Zwecke vorhält, von andern Verbindungen und einer andern Gemeinschaft der Menschen redet; er faßt nicht, was man Besseres und Höheres wollen könne, und fürchtet nicht, daß jemals etwas kommen werde, was seinen Stolz und seine träge Zufriedenheit so tief beschämen müßte. Wenn aus jenem Elend, das kaum die ersten Keime des bessern Zustandes auch dem durch den Erfolg geschärften Auge zeigt, dennoch das gegenwärtige hochgepriesene Heil hervorging: wie sollte nicht aus unserer verwirrten Unbildung, in der das Auge, welches der schon sinkende Nebel ganz nah umfließt, die ersten Elemente der bessern Welt erblickt, sie endlich selbst hervorgehen, das erhabene Reich der Bildung und der Sittlichkeit? Sie kommt. Was sollt' ich zaghaft die Stunden zählen, welche noch verfließen, die Geschlechter, welche noch vergehen? Was kümmert mich die Zeit, an welche doch mein inneres Leben sich nicht gefesselt fühlt?

Der Mensch gehört der Welt an, die er machen half, diese umfaßt das Ganze seines Wollens und Denkens; nur jenseit ihrer ist er ein Fremdling. Wer mit der Gegenwart zufrieden lebt und anderes nicht begehrt, der ist ein Zeitgenosse jener frühen Halbbarbaren, welche zu seiner Welt den ersten Grund gelegt; er lebt von ihrem Leben die Fortsetzung, genießt zufrieden die Vollendung dessen, was sie gewollt, und das Bessere, was sie nicht umfassen konnten, umfaßt auch er nicht. So bin ich der Denkart und dem

Leben des jetzigen Geschlechts ein Fremdling, ein prophetischer Bürger einer spätern Welt, zu ihr durch lebendige Phantasie und starken Glauben hingezogen, ihr angehörig jede That und jeglicher Gedanke. Gleichgültig läßt mich, was die Welt, die jetzige, thut oder leidet; tief unter mir, scheint sie mir klein, und leichten Blickes übersieht das Auge die wenngleich großen, verworrenen Kreise ihrer Bahn. Aus allen Erschütterungen im Gebiete des Lebens und der Wissenschaft stets wieder auf denselben Punkt zurückkehrend und die nämliche Gestalt erhaltend, zeigt sie deutlich ihre Beschränkung und ihres Bestrebens geringen Umfang. Was aus ihr selbst hervorgeht, das vermag nicht sie weiter zu fördern, das bewegt sie immer nur im alten Kreise: und ich kann dessen mich nicht erfreuen, es täuscht mich nicht mit leerer Erwartung jeder günstige Schein. Doch wo ich einen Funken des verborgenen Feuers sehe, das früh oder spät das alte verzehren und die Welt erneuen wird, da fühl' ich mich in Lieb' und Hoffnung hingezogen wie zu den geliebten Zeichen der fernen Heimat. Auch wo ich stehe soll man in fremdem Licht die heil'gen Flammen brennen sehen, den abergläubigen Knechten der Gegenwart eine schauerliche Mahnung, den Verständigen ein Zeugniß von dem Geiste, der da waltet. Es nahe sich in Liebe und Hoffnung jeder, der wie ich der Zukunft angehört, und durch jegliche That und Rede eines jeden schließe sich enger und erweitere sich das schöne freie Bündniß der Verschworenen für die bessere Zeit.

Doch auch dies erschwert so viel sie kann die Welt und verhindert jedes Erkennen befreundeter Gemüther, trachtend, die Saat der bessern Zukunft zu verderben. Die That, die aus dem reinsten Gedanken entsprungen ist, gibt tausendfacher Deutung Raum; es muß geschehen, daß oft das schlichteste Handeln im Geist der Sittlichkeit verwechselt wird mit dem verworrenen Sinn der Welt. Zu viele schmücken sich mit falschem Schein des Bessern, als daß man jedem, wo sich Besseres ahnen läßt, vertrauen dürfte; schwergläubig weigert sich mit Recht dem ersten Scheine der, welcher Brüder im Geiste sucht: so gehen oft Gleichgesinnte einander unerkannt vorüber, weil des Vertrauens Kühnheit Zeit und Welt daniederdrücken. Drum fasse Muth und hoffe! Nicht du allein stehst eingewurzelt in den tiefen Boden, der spät erst Oberfläche wird; es keimt überall die Saat der Zukunft. Fahr' immer fort zu spähen, wo du kannst; noch manchen wirst du finden, noch manchen erkennen, den du lange vielleicht verkannt. So wirst auch du von manchem noch erkannt; der Welt zum Trotz verschwindet endlich Mistrauen und Argwohn, wenn immer das gleiche Handeln wiederkehrt und gleiche Ahnung oft das fromme Bruderherz ermahnt. Nur kühn den Stempel des Geistes jeder Handlung eingeprägt, damit die Nahen dich finden; nur kühn hinaus in die Welt geredet des Herzens Meinung, daß auch die Fernen dich hören!

Es dient freilich der Zauber der Sprache auch mehr der Welt als uns. Der Welt bietet sie genaue Zeichen und schönen Ueberfluß für alles, was in ihrem Sinn gedacht wird und gefühlt; sie ist der reinste Spiegel der Zeit, ein Kunstwerk, worin ihr Geist sich zu erkennen gibt. Uns ist sie noch roh und ungebildet, ein schweres Mittel der Gemeinschaft. Wie lange hindert sie den Geist zuerst, daß er nicht kann zum Anschauen seiner selbst gelangen! Durch sie gehört er schon der Welt, eh er sich findet, und muß sich langsam erst aus ihren Verstrickungen entwinden; und ist er dann trotz alles Irrthums und verkehrten Wesens, das sie ihn angelehrt, zur Wahrheit hindurchgedrungen: wie ändert sie dann betrügerisch den Krieg und hält ihn eng umschlossen, daß er keinem sich mittheilen, von keinem Nahrung empfangen kann! Lange sucht er im vollen Ueberfluß, ehe er ein unverdächtiges Zeichen findet, um unter dessen Schutz die innersten Gedanken abzusenden: gleich fangen es die Feinde auf, fremde Deutung legen sie hinein, und vorsichtig zweifelt der Empfänger, wem es wol ursprünglich angehöre. Wol manche Antwort kommt herüber aus der Ferne dem Einsamen; doch muß er zweifeln, ob sie das bedeuten soll, was er faßt, ob Freundes Hand, ob Feindes sie geschrieben. Daß doch die Sprache gemeines Gut ist für die Söhne des Geistes und für die Kinder der Welt! daß doch so lehrbegierig diese sich stellen nach der hohen Weisheit! Doch nein, gelingen soll es ihnen nicht, uns zu verwirren oder einzuschrecken! Dies ist der große Kampf um die geheiligten Paniere der Menschheit, welche wir der bessern Zukunft, den folgenden Geschlechtern erhalten müssen, der Kampf, der alles entscheidet; aber er ist auch ein sicheres Spiel, das, über Zufall und Glück erhaben, nur durch Kraft des Geistes und wahre Kunst gewonnen wird.

Es soll die Sitte der innern Eigenthümlichkeit Gewand und Hülle sein, zart und bedeutungsvoll sich jeder edeln Gestalt anschmiegend, und, ihrer Glieder Maß verkündend, jede Bewegung schön begleiten. Nur dies edle Kunstwerk mit Heiligkeit behandelt, nur es immer durchsichtiger und feiner gewebt und immer dichter an sich es gezogen: so wird der künstliche Betrug sein Ende finden müssen, so wird es bald sich offenbaren, wenn unheilige gemeine Natur in edler hoher Gestalt erscheinen will. Der Kenner unterscheidet bei jeder Regung auch der verhüllten Glieder Wuchs und Kraft; vergeblich bildet trügerischen leeren Raum das magische Gewand, denn leicht entflattert es bei jedem raschen Schritte und zeigt das innere Misverhältniß an. So soll und wird der Sitte Beständigkeit und Ebenmaß ein untrüglich Merkmal von des Geistes innerm Wesen und der geheime Gruß der Bessern werden. Abbilden soll die Sprache des Geistes innersten Gedanken; seine höchste Anschauung, seine geheimste Betrachtung des eigenen Handelns soll sie wiedergeben, und ihre wunderbare Musik soll deuten den Werth, den er auf jedes legt, die eigene Stufenleiter seiner Liebe. Wol können andere die Zeichen, die wir dem Höchsten widmeten, misbrauchen und dem Heiligen, das sie andeuten sollen, ihre kleinlichen Gedanken unterschieben und ihre beschränkte Sinnesart: doch anders ist des Weltlings Tonart als des Geweihten; anders als dem Weisen reihen sich dem Knechte der Zeit die Zeichen der Gedanken zu einer andern Melodie; etwas anderes erhebt dieser zum Ursprünglichen und leitet davon ab, was ihm unbekannter und ferner liegt. Bilde nur jeder seine Sprache sich zum Eigenthum und zum kunstreichen Ganzen, daß Ableitung und Uebergang, Zusammenhang und Folge der Bauart seines Geistes genau entsprechen, und die Harmonie der Rede den Accent des Herzens, der Denkart Grundton wiedergebe. Dann gibt's in der gemeinen noch eine heilige und geheime Sprache, die der Ungeweihte nicht vermag zu deuten noch nachzuahmen, weil nur im Innern der Gesinnung der Schlüssel liegt zu ihren Charakteren; ein kurzer Gang nur aus dem Spiele der Gedanken, ein paar Accorde nur aus seiner Rede werden ihn verrathen.

O wenn nur so an Sitte und Rede sich die Weisen und Guten erkennen möchten! Wäre die Verwirrung nur gelöst, gezogen die Scheidewand, käme zum Ausbruch erst die innere Fehde: so würde der Sieg auch nahen, aufgehen die schönere Sonne; denn auf die bessere Seite müßte sich neigen der jüngern Geschlechter freies Urtheil und unbefangener Sinn. Verkündet doch nur bedeutungsvolle Bewegung des Geistes

Dasein, Wunder nur bezeugen eines Götterbildes Ursprung. Und so müßte sich's offenbaren, daß es am Bewußtsein des innern Handelns fehlt, wo schöne Einheit der Sitte mangelt, wo sie nur als kalte Verstellung da ist, als übertünchte Unförmlichkeit; daß der von eigener Bildung nichts weiß, noch je das Innere der Menschheit in sich angeschaut hat, dem das feste Grundgestein der Sprache, ans Licht gefördert aus dem Innern, zu kleinen Bruchstücken verwittert, dem der Rede Kraft, die tief das Innere ergreifen soll, in leere Unbedeutsamkeit und flache Schönheit sich auflöst und ihre hohe Musik in müßige Schallkünstelei, die nicht vermag des Geistes eigenes Wesen darzustellen. Harmonisch in einfacher schöner Sitte leben kann kein anderer, als wer, die abgestorbenen Formeln hassend, nach eigener Bildung trachtet und so der künftigen Welt gehört; ein wahrer Künstler der Sprache kann kein anderer werden, als wer freien Blicks sich selbst beschaut und des innern Wesens der Menschheit sich bemächtigt hat.

Ans dieser Gefühle stiller Allmacht, nicht aus frevelhafter Gewaltsamkeit vergeblichen Versuchen, muß endlich die Ehrfurcht vor dem Höchsten, der Anfang eines bessern Alters hervorgehen. Sie zu befördern sei mein Trachten in der Welt! So will ich meiner Schuld mich gegen sie entladen, so meinem Beruf genügen. So einigt sich meine Kraft dem Wirken aller Auserwählten, und mein freies Handeln hilft die Menschheit fortbewegen auf der rechten Bahn zu ihrem Ziel.

IV.

Aussicht.

Ist es wahr, daß wir alle auf Erden abhängig wandeln und ungewiß der Zukunft? daß ein dichter Schleier dem Menschen, was er sein wird, verbirgt, und daß des Schicksals blinde Macht, sei's auch der höhern Vorsicht fremde Willkür — beides gälte mir in dieser Beziehung gleich — mit unsern Entschlüssen wie mit unsern Wünschen spielt? O freilich, wenn Entschlüsse nur Wünsche sind, so ist der Mensch des Zufalls Spiel. Wenn er nur im Wechsel flüchtiger Empfindungen und einzelner Gedanken, wie die Wirklichkeit sie erzeugt, sich selbst zu finden weiß; wenn er im ungewissen Haben äußerer Gegenstände, im schwindelnden Betrachten des ewigen Wirbels, in dem mit diesem Sein und Haben auch er sich bewegt, sein ganzes Leben hindurch begriffen ist und niemals tiefer in sein eigenes Wesen dringt; wenn er, bald von diesem bald von jenem einzelnen Gefühl geleitet, immer nur Einzelnes und Aeußeres sieht und betreiben und besitzen will, wie ihm die Empfindung des Augenblicks gebietet: dann kann ihm das Schicksal feindselig rauben, was er begehrt, und spielt mit seinen Entschlüssen, die ein Spiel zu sein verdienen; dann mag er klagen über Ungewißheit, denn nichts steht fest für ihn; dann erscheint ihm als ein

dichter Schleier die eigene Blindheit, und dunkel muß es ja
wol sein, wo nicht das Licht der Freiheit scheint; dann muß
er freilich, wiewol vergeblich, weil er beides nur so wähnt
wie es nicht gedacht werden kann, sich bestreben zu wissen,
ob jener Wechsel, der ihn beherrscht, von einem Willen über
alle Willen abhängt, oder vom Zusammentreffen vieler Kräfte
die neigungslose Wirkung ist. Denn schrecklich muß es den
Menschen ergreifen, wenn er nimmer dazu gelangt sich selbst
zu fassen, wenn jeder Lichtstrahl, der in die unendliche Ver=
wirrung fällt, ihm klarer zeigt, er sei kein freies Wesen,
sei eben nur ein Zahn in jenem großen Rade, das ewig
kreisend sich, ihn und alles bewegt. Nur Hoffnung, immer
wieder aller Erfahrung, allem Bewußtsein zum Trotz erneute
Hoffnung auf glücklichen Wechsel oder auf endliches Erbar=
men muß seine einzige Stütze sein.

Willkommen mir, in jedem Augenblick, wo ich die Skla=
ven zittern sehe, aufs neue willkommen, geliebtes Bewußtsein
der Freiheit! Schöne Ruhe des klaren Sinnes, mit der ich
heiter die Zukunft, wol wissend, was sie ist und was sie
bringt, mein freies Eigenthum, nicht meine Herrscherin, be=
grüße! Mir verbirgt sie nichts, sie nähert sich ohne An=
maßungen von Gewalt. Die Götter nur, die gedichteten, be=
herrscht ein Schicksal, weil sie in sich nichts zu wirken haben,
und die schlechtesten der Sterblichen, weil sie in sich nichts
wirken wollen; nicht den Menschen, der auf sich selbst sein
Handeln richtet, wie ihm geziemt. Wo ist die Grenze meiner
Kraft? Wo denn finge sich an das fürchterliche fremde Ge=
biet? Unmöglichkeit ist für mich nur in dem, was aus=
geschlossen ist durch der Freiheit in mir ursprüngliche That,
durch ihre Vermählung mit meiner Natur. Nur das kann
ich nicht, was dieser widerspricht; aber wie könnt' ich auch
wollen, was jenen ersten Willen, durch den ich bin der ich bin,

rückgängig machen müßte? Wem diese Beschränkung als fremde Gewalt erscheint, diese, die seines Daseins, seiner Freiheit, seines Willens Bedingung und Wesen ist, der ist mir wunderbar verwirrt.

Und fühl' ich etwa innerhalb dieser Grenzen mich enger irgendwie beschränkt? Ja, wenn ich, selbst auf dem Gebiete der Sittlichkeit und Bildung, doch den und jenen Erfolg in irgendeinem Augenblick bestimmt begehrte; wenn jemals irgendeine einzelne That das Ziel von meinem Wollen wäre: dann könnte sich mir dies Ziel, indem ich es ergreifen wollte, weit aus den Augen rücken, dann fänd' ich unter fremder Herrschaft mich; doch wollt' ich auch hierüber das Schicksal verklagen, so verfehlt' ich nur den eigentlichen Gegenstand der Schuld, mich selbst. Aber niemals kann es mir so ergehen. Leb' ich doch im Bewußtsein meiner ganzen Natur. Immer mehr zu werden was ich bin, das ist mein einziger Wille; jede Handlung ist eine besondere Entwickelung dieses Einen Willens; so gewiß ich immer handeln kann, kann ich auch immer auf diese Weise handeln, nichts kommt in die Reihe meiner Thaten, es sei denn so bestimmt. Laß also begegnen, was da wolle! Solange ich auf diesen Zweck alles ausschließend beziehe, jedes äußere Verhältniß aber, jede äußere Gestalt des Lebens mich gleichgültig läßt, ja alle mir gleich werth sind, wenn sie nur meines Wesens Natur ausdrücken und zu seiner innern Bildung, seinem Wachsthum mir neuen Stoff aneignen; solange des Geistes Auge auf dies Ganze allgegenwärtig gerichtet, jedes Einzelne nur in diesem Ganzen und in diesem alles Einzelne mir erscheint, ich nie aus dem Bewußtsein verliere was ich unterbreche, immer auch das noch will, was ich nicht thue, und was ich eben thue auf alles was ich will beziehe: so lange beherrscht mein Wille das Geschick und wendet alles, was es bringen mag, zu seinen

Zwecken mit Freiheit an. Nie kann solchem Wollen sein Gegenstand entzogen werden, und es verschwindet beim Denken eines solchen Willens der Begriff des Schicksals. Woher entspringt denn jener Wechsel des Menschlichen, den sie so drückend fühlen, als eben aus der Gemeinschaft solcher Freiheit? So ist er also der Freiheit Werk und meines. Wie könnt' ich ihn für andere durch mein Thun bereiten helfen, wenn ich nicht auch für mich ihn von den andern forderte? Ja, ich verlange ihn laut. Es komme die Zeit und bringe, wie sie kann, zum Handeln, zum Bilden und Aeußern meines Wesens mir mannichfachen Stoff. Ich scheue nichts; gleich gilt mir die Ordnung und alles, was äußere Bedingung ist. Was aus der Menschen gemeinschaftlichem Handeln hervorgehen kann, soll alles an mir vorüberziehen, mich regen und bewegen, um von mir wieder bewegt zu werden, und in der Art, wie ich's aufnehme und behandle, will ich immer meine Freiheit finden und äußernd bilden meine Eigenthümlichkeit.

Ist's leere Täuschung etwa? Verbirgt sich hinter solch Gefühl der Freiheit nur die Ohnmacht? So deuten gemeine Seelen, was sie nicht verstehen. Doch das leere Geschwätz der Selbsterniedrigung ist längst für mich verhallt, zwischen mir und ihnen richtet in jedem Augenblick die That. Sie klagen immer, wenn sie die Zeit verstreichen sehen, und fürchten, wenn sie kommt, und bleiben ungebildet nach wie vor, bei allem Wechsel immer dieselbe gemeine Natur. Wo ist ein einziges Beispiel, an dem sie leugnen durften, daß anders, was ihnen begegnete, behandelt werden konnte? So wäre mir's leicht, sie mitten im Schmerz noch ärger zu zermalmen und dem zerknirschten Sinn noch das Geständniß auszupressen, daß nur innere Trägheit war, was sie als äußere Gewalt bejammern, oder daß sie nicht wollten, was sie nur gewollt zu haben scheinen möchten, und so die niedrige Beschränkung ihres eigenen Bewußtseins und Willens ihnen zeigend, sie eben dadurch glauben zu lehren an Willen und Bewußtsein.

Doch mögen sie es lernen oder nicht, daß nichts, was mir begegnet, der eigenen Bildung Wachsthum zu hindern und vom Ziel des Handelns mich zurückzutreiben vermag: der Glaube ist lebendig in mir durch die That. So habe ich, seitdem sich meines Daseins die Vernunft bemächtigt, seit Freiheit und Selbstbewußtsein in mir wohnen, die wechselreichen Bahnen des Lebens durchwandelt. Im schönen Genuß der jugendlichen Freiheit hab' ich die That vollbracht, hinwegzuwerfen die falsche Maske, frevelnder Erziehung langes mühsames Werk; betrauern hab' ich gelernt das kurze Leben der meisten, die sich, auch wenn ihnen dasselbe gelungen, doch wieder von neuen Ketten binden lassen; verachten hab' ich gelernt das schnöde Bestreben der oft schon in der kräftigsten Lebenszeit kraftlos Abgelebten, die, auch der letzten Erinnerung an den kurzen Traum der Freiheit schon verlustig, nicht wissen, was der Jugend, die eben anfängt sich ihrer zu erfreuen, begegnet und gern der alten Weise sich getreu erhielten. Im fremden Hause ging der Sinn mir auf für schönes gemeinschaftliches Dasein; ich sah, wie Freiheit erst veredelt und recht gestaltet die zarten Geheimnisse des menschlichen Geschlechts, die dem Ungeweihten immer dunkel bleiben, der sie als Bande der Natur oft mehr nur erträgt als verehrt. Im buntesten Gewühl von allen weltlichen Verschiedenheiten lernt' ich, den Schein vernichtend, in jeder Tracht die gleiche Natur erkennen und die mancherlei Sprachen übertragen, die sie in jedem Kreise sich bildet. Im Anschauen der großen Gärungen, der stillen und der lauten, lernt' ich den Sinn der Menschen verstehen, wie sie

immer nur an der Schale haften; und in der stillen Ein=
samkeit, die mir zutheil ward, habe ich die innere Natur
betrachtet, alle Zwecke, die der Menschheit durch ihr Wesen
aufgegeben sind, und alle Verrichtungen des Geistes in ihrer
ewigen Einheit angeschaut, und in lebendiger Anschauung
gelernt das todte Wort der Schulen richtig schätzen. Ich
habe Freud' und Schmerz empfunden, ich kenne jeden Gram
und jedes Lächeln; und was gibt's unter allem, was mich
betraf, seitdem ich wirklich lebe, woraus ich meinem Wesen
nichts Neues angeeignet und Kraft gewonnen hätte, die das
innere Leben nährt?

So sei denn die Vergangenheit mir Bürge der Zukunft;
sie ist ja dasselbe, was kann sie mir anderes thun, wenn
anders ich derselbe bin? Bestimmt und klar seh' ich den
Inhalt meines Lebens vor mir. Ich weiß, wiefern mein
Wesen schon fest in seiner Eigenthümlichkeit gebildet und ab=
geschlossen ist; durch gleichförmiges Handeln nach allen Sei=
ten mit der ganzen Einheit und Fülle meiner Kraft werd'
ich mir dies erhalten. Wie sollt' ich nicht des Neuen und
Mannichfachen mich erfreuen, wodurch sich neu und immer
anders die Wahrheit meines Bewußtseins mir bestätigt?
Oder bin ich meiner selbst so sicher, daß ich dessen nicht
mehr bedürfte, sondern auf wechsellose Stille gerechten An=
spruch hätte? Nein, noch immer sollen Leid und Freude,
und was sonst die Welt als Wohl und Wehe bezeichnet,
mir gleich willkommen sein, weil jedes auf eigene Weise
diesen Zweck erfüllt und meines Wesens Verhältnisse mir
offenbart. Wenn ich nur dies erreiche, was kümmert mich
glücklich sein?

Ich weiß auch, was ich mir noch nicht zu eigen gemacht,
ich kenne die Stellen, wo ich, noch in unbestimmter Allgemein=
heit schwebend, von frühe her den Mangel eigener Ansicht

und eigener Regel schmerzlich fühle. Dem allen streckt sich
schon lange Zeit die Kraft entgegen; und irgendwann werd'
ich's mit Thätigkeit und mit Betrachtung umfassen und innig verbinden mit allem, was schon in mir ist. Wissenschaften, ohne deren Kenntniß nie meine Ansicht der Welt vollendet werden kann, sind mir noch zu ergründen. Fremd
sind mir noch viele Gestalten der Menschheit; Zeitalter und
Völker gibt's, die ich nur erst durch fremde Bilder ober-
flächlich kenne, in deren Denkart und Wesen sich nicht auf
eigene Weise die Phantasie versetzt, die keinen bestimmten
Platz einnehmen in meiner Anschauung von den Entwickelungen des Geschlechts. Manche von den Thätigkeiten, die
in mein eigenes Wesen minder gehören, begreif' ich noch
nicht, und über ihre Verbindungen mit allem, was groß und
schön ist in der Menschheit, fehlt mir das eigene Urtheil oft.
Das alles werd' ich miteinander, nacheinander gewinnen;
die schönste Aussicht breitet sich vor mir aus. Wie viele
edle Naturen, die ganz von mir verschieden die Menschheit
in sich bilden, kann ich in der Nähe betrachten! Von wie
viel kenntnißreichen Menschen bin ich umgeben, die, gastfrei
oder eitel, in schönen Gefäßen mir ihres Lebens goldene
Früchte bieten und die Gewächse ferner Zeiten und Zonen
durch ihre Treue ins Vaterland verpflanzten! Kann mich das
Schicksal fesseln, daß ich mich diesem Ziele nicht nähern darf?
Kann's mir die Mittel der Bildung weigern, mich entfernen aus der leichten Gemeinschaft mit dem Thun des
jetzigen Geschlechts und mit der Vorwelt Monumenten?
Mich weit von der schönen Welt, in der ich lebe, hinaus in öde Wüsteneien schleudern, wo Kunde von der andern Menschheit zu erlangen unmöglich ist, wo in ewigem
Einerlei mich die gemeine Natur von allen Seiten eng um-
schließt, und in der dicken verdorbenen Luft, die sie bereitet,

nichts Schönes, nichts Bestimmtes das Auge trifft? Wol
ist es vielen so geschehen; doch mir kann's nicht begegnen,
ich trotze dem, was tausende gebeugt. Nur durch Selbst=
verkauf geräth der Mensch in Knechtschaft, und nur den
wagt das Schicksal anzufeilschen, der sich selbst den Preis
setzt und sich ausbietet. Was lockt den Menschen unstet
von dem Orte weg, wo seinem Geiste wohl ist? Was treibt
ihn wol, mit feiger Thorheit die schönsten Güter von sich zu
werfen, wie fremdes Gut im tobenden Sturme der Schiffer
auswirft? Es ist der schnöde äußere Gewinn, es ist der
Reiz der sinnlichen Begierde, den, schon verdampft, das alte
Getränk nicht mehr befriedigt. Wie könnte mir bei meiner
Verachtung solcher Schatten dies geschehen! Mit Fleiß und
Mühe hab' ich mir den Ort errungen, wo ich stehe, mir mit
Bewußtsein und Anstrengung die eigene Welt gebildet, in
der mein Geist gedeihen kann: wie sollte dies feste Band ein
flüchtiger Reiz der Furcht oder Hoffnung lösen? wie sollte
ein eitler Tand mich aus der Heimat locken und aus dem
Kreise der lieben Freunde?

Doch, diese Welt mir zu erhalten und immer genauer
zu verbinden, ist nicht das einzige, was ich fordere; ich sehne
mich nach einer neuen Welt. Manch neues Bündniß ist
noch zu knüpfen, mancher noch unbekannten Liebe neu Gesetz
muß mir das Herz bewegen, daß sich zeige wie sich dies in
meinem Wesen zum andern fügt. In Freundschaft jeder Art
hab' ich gelebt, der Liebe süßes Glück hab' ich mit heiligen
Lippen gekostet, ich weiß was mir in beiden ziemt und
kenne meiner Schicklichkeit Gesetz; noch aber muß die heiligste
Verbindung auf eine neue Stufe des Lebens mich erheben,
verschmelzen muß ich mich zu Einem Wesen mit einer gelieb=
ten Seele, daß auch auf die schönste Weise meine Mensch=
heit auf Menschheit wirke, daß ich wisse, wie das verklärte

höhere Leben nach der Auferstehung der Freiheit sich in mir bildet, wie erneut der Mensch die neue Welt beginnt. In Vaterrecht und Pflichten muß ich mich einweihen, daß auch die höchste Kraft, die gegen freie Wesen Freiheit übt, nicht in mir schlummere, daß ich zeige, wie, wer an Freiheit glaubt, die junge Vernunft bewahrt und schützt, und wie in diesem großen Problem die schönste Verwirrung des Eigenen und des Fremden der klare Geist zu lösen weiß. Wird mich nicht hier gerade beim liebsten Wunsch des Herzens das Schicksal ergreifen? Wird sich hier die Welt nicht rächen für den Trotz der Freiheit, für das übermüthige Verschmähen ihrer Macht? Wo mag sie wohnen, mit der das Band des Lebens zu knüpfen mir ziemt? Wer mag mir sagen, wohin ich wandern soll, um sie zu suchen? Denn solch hohes Gut zu gewinnen ist kein Opfer zu theuer, keine Anstrengung zu groß. Und ob ich sie nun finde frei, oder wenn unter frem= dem Gesetz, das sie mir weigert, ob ich vermögen werde sie mir zu lösen? Und wenn ich sie gewonnen — spielt etwa nicht oft das Unbegreifliche auch mit der süßesten und treue= sten Liebe und wehrt, daß nicht dem Gattenrecht der süße Vatername sich beigeselle? Hier steht endlich jeder an der Grenze der Willkür und der Mysterien der Natur, über die wir auch nicht wünschen dürfen die Willkür zu erheben. Denn wenn mich früher fremde Freiheit und der Lauf der Welt zu hemmen trachten, dem stell' ich mich. Viel vermag da der Mensch, und manches Schwere erringt des Willens Kraft und ernstliches Bestreben. Doch wenn nun Hoffen und Bestreben vergeblich ist, wenn alles sich mir weigert: bin ich dann vom Schicksal hier besiegt? Hat es dann wirk= lich der Erhöhung meines innern Lebens sich widersetzt und meine Bildung zu beschränken vermocht durch seinen Eigen= sinn? Es hindert nicht der äußern That Unmöglichkeit das

innere Handeln; und mehr als mich und sie würd' ich die
Welt bedauern, die Welt, die wol ein schönes und seltenes
Beispiel mehr verlöre, eine von den Erscheinungen aus tugend=
licher Vorzeit oder aus der bessern Zukunft hierher verirrt,
an der sie ihre todten Begriffe erwärmen und beleben könnte.
Uns, so gewiß einander wir gehören, trägt doch auch un=
bekannt in unser schönes Paradies die Phantasie. Nicht
vergeblich hab' ich mancherlei Gestalten des weiblichen Ge=
müths gesehen und ihres stillen Lebens schöne Weisen mir
bekannt gemacht. Je weiter ich noch selbst von seinen Gren=
zen stand, desto sorgsamer nur hab' ich der Ehe heiliges
Gebiet erforscht; ich weiß was Recht dort ist, was nicht,
und alle Gestalten des Schicklichen hab' ich mir ausgebildet,
wie erst die späte freie Zukunft sie zeigen wird, und welche
darunter mir geziemt, weiß ich genau. So kenn' ich die
auch unbekannt, mit der ich mich fürs Leben aufs innigste
vereinigen könnte, und in dem schönen Leben, das wir füh=
ren würden, bin ich eingewohnt. Wie ich jetzt trauernd in
öber Einsamkeit mir manches einrichten und beginnen, ver=
schweigen, versagen und in mich verschließen muß, im kleinen
und großen: es schwebt mir doch immer lebendig dabei vor,
wie das in jenem Leben anders und besser würde sein. So
ist's gewiß auch ihr, wo sie auch sein mag, die so geartet
ist, daß sie mich lieben, daß ich ihr genügen könnte; gleiche
Sehnsucht, die mehr als leeres Verlangen ist, enthebt auch
sie wie mich der öden Wirklichkeit, für die sie nicht gemacht
ist: und wenn ein Zauberschlag uns plötzlich zusammenführte,
würde nichts uns fremd sein; als wären wir alter süßer
Gewohnheit verpflichtet, so anmuthig und leicht würden wir
in der neuen Lebensweise uns bewegen. So fehlt uns also
nicht, auch ohne jenen Zauberschlag, in uns das höhere

Dasein; für solches Leben und durch dasselbe sind wir doch gebildet, und nur die äußere Darstellung entgeht uns und der Welt.

O müßten doch die Menschen diese Götterkraft der Phantasie zu gebrauchen, sie, die allein den Geist ins Freie stellt, ihn über jede Gewalt und jede Beschränkung weit hinausträgt, sie, ohne die des Menschen Kreis nur ängstlich enge sich schließt! Wie vieles berührt denn jeden im kurzen Lauf des Lebens? Von wie viel Seiten müßte der Mensch nicht unbestimmt und ungebildet bleiben, wenn nur auf das wenige, was ihn von außen wirklich anstößt, sein inneres Handeln ginge? Aber so sinnlich sind sie in der Sittlichkeit, daß sie auch sich selbst nur da recht vertrauen, wo ihnen die äußere Darstellung des Handelns Bürgschaft leistet für ihres Bewußtseins Wahrheit. Umsonst steht in der großen Gemeinschaft der Menschen der, der so sich selbst beschränkt: es hilft ihm nicht, daß ihm vergönnt ist ihr Thun und Leben anzuschauen; vergebens muß er sich über die träge Langsamkeit der Welt und ihre matten Bewegungen beklagen. Er wünscht sich immer neue Verhältnisse, von außen immer andere Aufforderungen zum Handeln, und neue Freunde, nachdem die alten, was sie konnten, auf sein Gemüth gewirkt; und allzu langsam weilt ihm überall das Leben. Und wenn's auch in beschleunigterm Lauf ihn tausend neue Wege führen wollte, könnte denn in der kurzen Spanne Zeit sich die Unendlichkeit erschöpfen? Was so jene niemals sich erwünschen können, gewinne ich durch das innere Leben der Phantasie. Sie ersetzt mir, was der Wirklichkeit gebricht; jedes Verhältniß, worin ich einen andern erblicke, mach' ich mir durch sie zum eigenen; es bewegt sich innerlich der Geist, gestaltet's seiner Natur gemäß und bildet, wie er handeln würde, mit sicherm Gefühle vor. Auf gemeines Urtheil der

Menschen über fremdes Sein und fremde That, das mit todten Buchstaben und leeren Formeln berechnet wird, ist freilich kein Verlaß; und gar anders, als sie vorher geurtheilt haben, handeln sie hernach. Hat aber, wie es sein muß wo wahres Leben ist, ein inneres Handeln das Bilden der Phantasie geleitet, und ist so die vorgebildete That des gewohnten innern Handelns reines Bewußtsein: dann hat das angeschaute Fremde den Geist gebildet, eben als wär' es auch in der Wirklichkeit sein Eigenes, als hätte er auch äußerlich gehandelt. So nehm' ich wie bisher auch ferner kraft dieses innern Handelns von der ganzen Welt Besitz, und besser nutz' ich alles in stillem Anschauen, als wenn jedes Bild in raschem Wechsel auch äußere That begleiten müßte. Tiefer prägt so sich jedes Verhältniß ein, bestimmter ergreift es der Geist, und reiner ist des eigenen Wesens Abdruck im freien unbefangenen Urtheil.

Was dann das äußere Leben wirklich bringt, ist nur des frühern und reichern innern Bestätigung und Probe; nicht aber ist in das dürftige Maß von jenem die Bildung des Geistes eingeschränkt. Drum klag' ich über des Schicksals Trägheit ebenso wenig als über seinen schnellen und krümmungsvollen Lauf. Ich weiß, daß nie mein äußeres Leben von allen Seiten das innere Wesen darstellen und vollenden wird. Nie wird es mir ein großes Verhältniß bieten, wo meine That das Wohl und Wehe von tausenden entschiede, und sich's äußerlich beweisen könnte, wie alles mir nichts ist gegen ein einziges von den hohen und heiligen Idealen der Vernunft. Nie werd' ich vielleicht in offene Fehde gerathen mit der Welt und zeigen können, wie wenig alles, was ihr vergönnt ist zu geben und zu nehmen, den innern Frieden und die stille Einheit meines Wesens stört. Doch hoff' ich in mir selbst zu wissen, wie ich auch das behandeln würde, wie zu dem allen schon lange mein Gemüth bereitet und gebildet ist. So leb' ich, wiewol in stiller Verborgenheit, dennoch auf dem großen thatenreichen Schauplatz der Welt. So ist der Bund mit der geliebten Seele schon dem Einsamen gestiftet, die schöne Gemeinschaft besteht und ist der bessere Theil des Lebens. So werd' ich auch der Freunde Liebe, die einzige theure Habe, mir gewiß erhalten, was auch mir oder ihnen in Zukunft mag begegnen.

Wol fürchten die Menschen, daß nicht lange die Freundschaft währe; wandelbar scheint ihnen das Gemüth, es könne der Freund sich ändern, mit der alten Gesinnung fliehe die alte Liebe, und Treue sei ein seltenes Gut. Sie haben recht; es liebt ja, wenn sie über das Nützliche hinaus noch etwas kennen, doch einer vom andern nur den leichten Schein, der das Gemüth umfließt, die oder jene Tugend, die, was sie eigentlich im Innern sei, sie nie erforschen; und wenn in den Verwirrungen des Lebens ihnen das zerfließt, so schämen sie sich nicht nach langen Jahren noch zu gestehen, sie haben am Menschen sich geirrt. Mir ist nicht schöne Gestalt, noch was sonst im ersten Anblick das Herz der Menschen fängt, verliehen: doch webt auch jeder, der mein Inneres nicht durchschaut, sich einen solchen Schein. Da wird an mir ein gutes Herz geliebt, wie ich es nicht möchte, ein bescheidenes Wesen, was ganz anders in mir ist als sie meinen, ja Klugheit auch, die ich von Herzen verachte. Drum hat auch solche Liebe mich schon oft verlassen; auch gehört sie nicht zu jener Habe, die mir theuer ist. Nur was ich selbst hervorgebracht und immer wieder aufs neue mir erwerbe, ist für mich Besitz: wie könnt' ich zu dem Meinen rechnen, was nur aus jenem Schein entsteht, den ihr blödsichtig Auge dichtet? Rein weiß ich mich davon, daß ich sie nicht betrüge; aber wahrlich, es soll die falsche Liebe mich auch

nicht länger, als ich es tragen mag, verfolgen. Nur eine
Aeußerung des innern Wesens, die sie nicht misverstehen
können, kostet's mich; nur einmal sie gerade hin auf das
geführt, was ich im Gemüth, am köstlichsten bewahre und
was sie nicht dulden mögen: so bin ich ledig der Qual, daß
sie mich für den Ihren halten, daß sie mich lieben, die sich
von mir wenden sollten. Gern geb' ich ihnen die Freiheit
wieder, die in falschem Schein befangen war. Die aber sind
mir sicher, die wirklich mich, mein inneres Wesen lieben
wollen, und fest umschlingt sie das Gemüth und wird sie
nimmer lassen. Sie haben mich erkannt, sie schauen den
Geist, und die ihn einmal lieben wie er ist, die müssen ihn
immer treuer und immer inniger lieben, je mehr er sich vor
ihnen entwickelt und immer fester gestaltet.

Dieser Habe bin ich so gewiß als meines Seins; auch
hab' ich keinen noch verloren, der mir je in Liebe theuer
ward. Du, der du in frischer Blüte der Jugend, mitten
im raschen frohen Leben unsern Kreis verlassen mußtest —
ja, ich darf anreden das geliebte Bild, das mir im Herzen
wohnt, das mit dem Leben und der Liebe fortlebt und mit
dem Gram — nimmer hat dich mein Herz verlassen; es
hat dich mein Gedanke fortgebildet, wie du dich selbst ge=
bildet haben würdest, hättest du erlebt die neuen Flammen,
die die Welt entzünden; es hat dein Denken mit dem mei=
nen sich vereint, und das Gespräch der Liebe zwischen uns,
der Gemüther Wechselanschauung hört nimmer auf und
wirkt fort auf mich, als lebtest du neben mir wie sonst.
Ihr Geliebten, die ihr noch hier, nur in der Ferne weilt und
oft von euerm Geist und Leben ein frisches Bild mir sendet;
was kümmert uns der Raum? Wir waren lange beiein=
ander, und waren uns weniger gegenwärtig als wir jetzt
es sind: denn was ist Gegenwart als Gemeinschaft der

Geister? Was ich nicht sehe von euerm Leben, bild' ich mir selbst; ihr seid mir nahe bei allem in mir, um mich her, was euern Geist lebendig berühren muß; und wenig Worte bestätigen mir alles oder leiten auf rechte Spur mich, wo noch Irrthum möglich war. Ihr, die ihr mich jetzt umgebt in süßer Liebe, ihr wißt, wie wenig die Luft mich quält, die Erde zu durchwandeln; ich stehe fest an meinem Ort und werde nicht verlassen den schönen Besitz, in jedem Augenblick Gedanken und Leben mit euch tauschen zu können; wo solche Gemeinschaft ist, da ist mein Paradies. Gebietet über euch ein anderer Gedanke: wohl, es gibt für uns doch keine Entfernung.

Aber Tod? Was ist denn Tod als größere Entfernung? Düsterer Gedanke, der unerbittlich jedem Gedanken an Leben und Zukunft folgt! Wol kann ich sagen, daß die Freunde mir nicht sterben; ich nehm' ihr Leben in mich auf, und ihre Wirkung auf mich geht niemals unter: mich aber tödtet ihr Sterben. Es ist das Leben der Freundschaft eine schöne Folge von Accorden, der, wenn der Freund die Welt verläßt, der gemeinschaftliche Grundton abstirbt. Zwar innerlich hallt ihm ein langes Echo ununterbrochen nach, und weiter geht die Musik; doch erstorben ist die begleitende Harmonie in ihm, zu welcher ich der Grundton war, und die war mein, wie diese in mir sein ist. Mein Wirken in ihm hat aufgehört, es ist ein Theil des Lebens verloren. Durch Sterben tödtet jedes liebende Geschöpf, und wem der Freunde viele gestorben sind, der stirbt zuletzt den Tod von ihrer Hand, wenn ausgestoßen von aller Wirkung auf die, welche seine Welt gewesen, und in sich selbst zurückgedrängt der Geist sich selbst verzehrt. Zwiefach ist des Menschen nothwendiges Ende. Vergehen muß, wem so unwiederbringlich das Gleichgewicht zerstört ist zwischen dem innern Leben und äußern Dasein. Vergehen müßte auch, wem es anders zerstört ist, wer, am Ziele der Vollendung seiner Eigenthümlichkeit angelangt, von der reichsten Welt umgeben, in sich nichts mehr zu handeln hätte; ein ganz vollendetes Wesen ist ein Gott, es kann die Last des Lebens nicht ertragen und hat nicht in der Welt der Menschheit Raum. Nothwendig also ist der Tod, und dieser Nothwendigkeit mich näher zu bringen sei der Freiheit Werk, und sterben wollen können mein höchstes Ziel! Ganz und innig will ich die Freunde umfassen und ihr ganzes Wesen ergreifen, daß jeder mich mit süßen Schmerzen tödten helfe, wenn er mich verläßt; und immer fertiger will ich mich bilden, daß auch so dem Sterbenwollen immer näher die Seele komme.

Aus beiden Elementen ist immer der Tod des Menschen zusammengesetzt, und so werden nicht die Freunde alle mich verlassen, noch werd' ich jemals ganz der Vollendung Ziel erreichen. In schönem Ebenmaß werd' ich nach meines Wesens Natur mich ihm von allen Seiten nähern; dies Glück wird mir gesichert durch meine innere Ruhe und mein stilles gedankenvolles Leben. Es ist das Höchste für ein Wesen wie meines, daß die innere Bildung auch übergeh' in äußere Darstellung; denn durch Vollendung nähert jede Natur sich ihrem Gegensatz. Der Gedanke, in einem Werk der Kunst mein inneres Wesen, und mit ihm die ganze Ansicht, die mir die Menschheit gab, zurückzulassen, ist mir wie die Ahnung des Todes. Wie ich mir der vollen Blüte des Lebens bewußt zu werden anfing, keimte er auf, jetzt wächst er in mir täglich und nähert sich der Bestimmtheit. Unreif, ich weiß es, werd' ich ihn aus freiem Entschluß aus meinem Innern lösen, ehe das Feuer des

Lebens ausgebrannt ist; ließ' ich ihn aber reifen und vollkommen werden das Werk: so müßte dann, so wie das treue Ebenbild erschiene in der Welt, mein Wesen selbst vergehen, es wäre vollendet.

V.

Jugend und Alter.

Wie der Uhren Schlag mir die Stunden, der Sonne Lauf mir die Jahre zuzählt: so leb' ich, ich weiß es, immer näher dem Tode entgegen. Aber dem Alter auch? dem schwachen stumpfern Alter auch, worüber alle so bitter klagen, wenn unvermerkt ihnen verschwunden ist die Lust der frohen Jugend und der innern Gesundheit und Fülle übermüthiges Gefühl? Warum lassen sie verschwinden die goldene Zeit und beugen dem selbstgewählten Joch seufzend den Nacken? Auch ich glaubte schon einst, daß nicht länger dem Manne geziemten die Rechte der Jugend; leiser und bedächtig wollte ich einhergehen und durch der Entsagung weisen Entschluß mich bereiten zur trübern Zeit. Aber es wollten nicht dem Geist die engern Grenzen genügen, und es gereute mich bald des verkümmerten nüchternen Lebens. Da kehrte auf den ersten Ruf die freundliche Jugend zurück und hält mich immer seitdem umfaßt mit schützenden Armen. Jetzt, wenn ich wüßte, daß sie mir entflöhe, wie die Zeiten entfliehen, ich stürzte mich lieber bald dem Tode freiwillig entgegen, damit nicht die Furcht vor dem sichern Uebel mir jegliches

Gute bitter vergälte, bis ich mir endlich doch durch unfähiges Dasein ein schlechteres Ende verdient.

Doch ich weiß, daß es nicht also sein kann: denn es soll nicht. Wie? Das geistige Leben, das freie, das ungemessene, müßte mir eher verrinnen als das irdische, welches beim ersten Schlage des Herzens schon die Keime des Todes enthielt? Nicht immer sollte mir mit der vollen gewohnten Kraft aufs Schöne gerichtet die Phantasie sein? nicht immer so leicht der heitere Sinn, und so rasch zum Guten bewegt und liebevoll das Gemüth? Bange sollt' ich horchen den Wellen der Zeit und sehen müssen, wie sie mich abschliffen und aushöhlten, bis ich endlich zerfiele? Sprich doch, Herz, wie viele male dürft' ich, bis das alles käme, noch zählen die Zeit, die mir jetzt eben verging bei dem Jammergedanken? Gleich wenig wären mir, wenn ich's abzählen könnte, tausende oder eins. Daß du ein Thor wärest zu weissagen aus der Zeit auf die Kraft des Geistes, dessen Maß jene nimmer sein kann! Durchwandeln doch die Gestirne nicht in gleicher Zeit dasselbe von ihrer Bahn, sondern ein höheres Maß mußt du suchen, um ihren Lauf zu verstehen: und der Geist sollte dürftigern Gesetzen folgen als sie? Auch folgt er nicht. Früh suchte manchen das Alter heim, das mürrische, dürftige, hoffnungslose, und ein feindlicher Geist bricht ihm ab die Blüte der Jugend, wenn sie kaum sich aufgethan; lange bleibt andern der Muth, und das weiße Haupt heben noch und schmücken Feuer des Auges und des Mundes freundliches Lächeln. Warum soll ich nicht länger noch, als der am längsten dastand in der Fülle des Lebens, mir im glücklichen Kampf abwehren den verborgenen Tod? warum nicht, ohne die Jahre zu zählen und des Körpers Verwittern zu sehen, durch des Willens Kraft festhalten bis an den letzten Athemzug die geliebte Göttin der Jugend? Was denn soll diesen Unterschied machen, wenn es der Wille nicht ist? Hat etwa der Geist sein bestimmtes Maß und Größe, daß er sich ausgeben kann und erschöpfen? Nutzt sich ab seine Kraft durch die That und verliert etwas bei jeder Bewegung? Die des Lebens sich lange freuen, sind es nur die Geizigen, welche wenig gehandelt haben? Dann träfe Schande und Verachtung jedes frohe und frische Alter: denn Verachtung verdient, wer Geiz übt in der Jugend.

Wäre so des Menschen Los und Maß: dann möcht' ich lieber zusammendrängen, was der Geist vermag, in engen Raum; kurz möchte ich leben, um jung zu sein und frisch, solange es währt. Was hilft's, die Strahlen des Lichts dünn ausgießen über die große Fläche? es offenbart sich nicht die Kraft und richtet nichts aus. Was hilft's, haushalten mit dem Handeln und ausdehnen in die Länge, wenn du schwächen mußt den innern Gehalt, wenn doch am Ende deß nicht mehr ist, was du gehabt hast? Lieber gespendet in wenig Jahren das Leben in glänzender Verschwendung, daß du dich freuen könnest deiner Kraft und übersehen, was du gewesen bist! Aber es ist nicht so unser Los und Maß; es vermag nicht solch irdisch Gesetz unter seine Formeln zu bannen den Geist. Woran sollte sich brechen seine Gewalt? was verliert er von seinem Wesen, wenn er handelt und sich mittheilt? was gibt's, das ihn verzehrt? Klarer und reicher fühl' ich mich jetzt nach jedem Handeln, stärker und gesunder: denn bei jeder That eigne ich etwas mir an von dem gemeinschaftlichen Nahrungsstoffe der Menschheit, und wachsend bestimmt sich genauer meine Gestalt. Ist's nur so, weil ich jetzt noch in die Höhe des Lebens hinaufsteige? wohl; aber wann kehrt sich denn plötzlich um das schöne Verhältniß? wann fang' ich an durch die That nicht zu werden, sondern zu vergehen? und wie wird sich mir verkünden die große Verwandlung? Kommt sie, so muß ich sie erkennen; und erkenne ich sie, so ist mir lieber der Tod, als in langem Elend anzuschauen an mir selbst der Menschheit nichtiges Wesen.

Ein selbstgeschaffenes Uebel ist das Verschwinden des Muthes und der Kraft; ein leeres Vorurtheil ist das Alter, die schnöde Frucht von dem trüben Wahn, daß der Geist abhänge vom Körper. Aber ich kenne den Wahn, und es soll mir nicht seine schlechte Frucht das gesunde Leben vergiften. Bewohnt denn der Geist die Faser des Fleisches, oder ist er eins mit ihr, daß auch er ungelenk zur Mumie wird, wenn diese verknöchert? Dem Körper bleibe, was sein ist. Stumpfen die Sinne sich ab, werden schwächer die Bilder von den Bildern der Welt: so muß wol auch stumpfer werden die Erinnerung, und schwächer manches Wohlgefallen und manche Lust. Aber ist dies das Leben des Geistes? dies die Jugend, deren Ewigkeit ich anbetete? Wie lange wär' ich schon des Alters Sklave, wenn dies den Geist zu schwächen vermöchte! Wie lange hätte ich schon der schönen Jugend das letzte Lebewohl zugerufen! Aber was noch nie mich gestört hat im kräftigen Leben, soll es auch nimmer vermögen. Wozu denn haben andere neben mir bessern Leib und schärfere Sinne? werden sie mir nicht immer gewärtig sein zum liebreichen Dienste wie jetzt? Daß ich trauern sollte über des Leibes Verfall, wäre mein letztes: was kümmert er mich? Und welches Unglück wird es denn sein, wenn ich nun vergesse, was gestern geschah? Sind eines Tages kleine Begebenheiten meine Welt? oder die Vorstellungen des Einzelnen und Wirklichen aus dem engen Kreise, den des Körpers Gegenwart umfaßt, die ganze Sphäre meines innern Lebens? Wer so in niedrigem Sinn die höhere Bestimmung verkennt, wem die Jugend nur lieb war, weil sie dieses besser gewährt, der klage mit Recht über das Elend des Alters!

Aber wer wagt es zu behaupten, daß auch die Kraft und Fülle der großen heiligen Gedanken, die aus sich selbst der Geist erzeugt, abhänge vom Körper, und der Sinn für die wahre Welt von der äußern Glieder Gebrauch? Brauch' ich, um anzuschauen die Menschheit, das Auge, dessen Nerve sich jetzt schon abstumpft in der Mitte des Lebens? Oder muß, auf daß ich lieben könne, die es werth sind, das Blut, das jetzt schon langsam fließt, sich in rascherm Lauf drängen durch die engen Kanäle? Oder hängt mir des Willens Kraft an der Stärke der Muskeln, am Mark gewaltiger Knochen? oder der Muth am Gefühl der Gesundheit? Es betrügt ja doch, die es haben; in kleinen Winkeln verbirgt sich der Tod, und springt auf einmal hervor, und umfaßt sie mit spottendem Gelächter. Was schadet's denn, wenn ich schon weiß, wo er wohnt? Oder vermag der wiederholte Schmerz, vermögen die mancherlei Leiden niederzudrücken den Geist, daß er unfähig wird zu seinem innersten eigensten Handeln? Ihnen widerstehen ist ja auch sein Handeln, und auch sie rufen große Gedanken zur Anwendung hervor ins Bewußtsein. Dem Geist kann kein Uebel sein, was sein Handeln nur ändert.

Ja, ungeschwächt will ich ihn in die spätern Jahre bringen, nimmer soll der frische Lebensmuth mir vergehen; was mich jetzt erfreut, soll mich immer erfreuen; stark soll mir bleiben der Wille und lebendig die Phantasie, und nichts soll mir entreißen den Zauberschlüssel, der die geheimnißvollen Thore der höhern Welt mir öffnet, und nimmer soll mir verlöschen das Feuer der Liebe. Ich will nicht sehen die gefürchteten Schwächen des Alters; kräftige Verachtung gelob' ich mir gegen jedes Ungemach, welches das Ziel meines Daseins nicht trifft, und ewige Jugend schwör' ich mir selbst.

Doch verstoß' ich auch nicht mit dem Schlechten das Gute? Ist denn das Alter, entgegengestellt der Jugend, nur Schwäche? Was verehren denn die Menschen an den greisen Häuptern, auch an denen, die keine Spur haben von der ewigen Jugend, der schönsten Frucht der Freiheit? Ach, oft ist es nichts, als daß die Luft, die sie einathmeten, und das Leben, das sie führten, wie ein Keller war, worin ein Leichnam sich länger erhält ohne die Verwesung zu sehen, und dann verehrt sie als heilige Leiber das Volk. Wie das Gewächs des Weinstocks ist ihnen der Geist, von dem sie glauben, sei es auch schlechter Natur, es werde doch besser und höher geschätzt, wenn es alt wird. Doch nein, sie reden gar viel von den eigenen Tugenden der höhern Jahre, von der nüchternen Weisheit, von der kalten Besonnenheit, von der Fülle der Erfahrung und von der bewunderungslosen gelassenen Vollendung in der Kenntniß der bunten Welt. Nur der Menschheit vergängliche Blüte sei die reizende Jugend: aber die reife Frucht sei das Alter, und was dieses dem Geiste bringt; dann sei erst aufs höchste geläutert durch Luft und Sonne der Geist, dann in Reife versprechender Gestalt vollendet und zum köstlichen Genuß für die Verständigen bereitet das Innerste der menschlichen Natur. O der nordischen Barbaren, die nicht das schönere Klima kennen, wo zugleich glänzt die Frucht und die Blüte, und in reichem Wetteifer immer beide sich vereinigen! Ist denn die Erde so kalt und unfreundlich, daß der Geist sich nicht zu dieser höhern Schönheit und Vollendung erheben dürfte? Wol besitzt nicht jeder alles Schöne und Gute; aber unter die Menschen sind die Gaben vertheilt, nicht unter die Zeiten. Ein ander Gewächs ist jeder; aber wie er ist, kann er blühen zugleich und Früchte tragen immerdar. Was sich in demselben vereinigen kann, das alles kann derselbe auch nebeneinander haben und erhalten, kann es und soll es ja auch.

Wie kommt dem Menschen die besonnene Weisheit und die reife Erfahrung? Wird sie ihm gegeben von oben herab, und ist's höhere Bestimmung, daß er sie nicht eher erhält, als wenn er beweisen kann, daß seine Jugend verblüht ist? Ich fühle, wie ich sie jetzt erwerbe: es ist eben der Jugend treibende Kraft und das frische Leben des Geistes, was sie hervorbringt. Umschauen nach allen Seiten; aufnehmen alles in den innersten Sinn; besiegen einzelner Gefühle Gewalt, daß nicht die Thräne, sei's der Freude oder des Kummers, das Auge der Seele trübe und verdunkele seine Bilder; rasch sich von einem zum andern bewegen und, unersättlich im Handeln, auch fremdes Thun noch innerlich nachahmend abbilden: das ist das muntere Leben der Jugend, und eben das ist das Werden der Weisheit und der Erfahrung. Je beweglicher die Phantasie, je schneller die Thätigkeit des Geistes: desto eher wachsen und werden beide. Und wenn sie geworden sind, dann sollte dem Menschen nicht mehr ziemen jenes muntere Leben, das sie erzeugt hat? Sind sie denn je vollendet die hohen Tugenden? und wenn sie durch die Jugend und in ihr geworden sind, bedürfen sie nicht immer derselben Kraft um noch mehr zu werden und zu wachsen? Aber mit leerer Heuchelei betrügen sich die Menschen um ihr schönstes Gut, und auf den tiefsten Grund der beschränktesten Unwissenheit ist die Heuchelei gebaut. Der Jugend Beweglichkeit, meinen sie, sei das Treiben dessen, der noch sucht, und suchen zieme nicht mehr dem, der schon an des Lebens Ende steht; er müsse sich schmücken mit weiser Stille, dem verehrten Symbol der Vollendung, mit Ruhe des Herzens, dem Zeichen von der Fülle des Verstandes; so müsse der Mensch einhergehen im Alter, daß er nicht, wenn er noch immer zu suchen scheine, unter dem Gelächter des Spottes über das eitle Unternehmen hinabsteigen müsse in den Tod. So jene; aber ihre weise Stille ist nur träge Unbeweglichkeit, und ein leeres ist ihr ruhiges Herz. Nur wer Schlechtes und Gemeines suchte, dem sei es ein Ruhm, alles gefunden zu haben! Unendlich ist, was ich erkennen und besitzen will, und nur in einer unendlichen Reihe des Handelns kann ich mich selbst ganz bestimmen. Von mir soll nie weichen der Sinn, der den Menschen vorwärts treibt, und das Verlangen, das, nie gesättigt von dem was gewesen ist, immer Neuem entgegengeht. Das sei der Ruhm, den ich suche: zu wissen, daß unendlich mein Ziel ist, und doch nie stillzustehen im Lauf; zu wissen, daß eine Stelle kommt auf meinem Wege, die mich verschlingt, und doch an mir und um mich nichts zu ändern, wenn ich sie sehe, und doch nicht zu verzögern den Schritt.

Darum ziemt es dem Menschen, immer in der sorglosen Heiterkeit der Jugend zu wandeln. Nie werd' ich mich alt dünken, bis ich auch fertig wäre; aber nie werd' ich fertig sein, weil ich weiß und will, was ich soll. Auch kann es nicht sein, daß des Alters Schöne und der Jugend einander widerstrebe; denn nicht nur wächst in der Jugend weshalb sie das Alter rühmen, es nährt auch wieder das Alter der Jugend frisches Leben. Besser gedeiht ja, wie alle sagen, der junge Geist, wenn das reife Alter sich seiner annimmt: so verschönt sich auch des Menschen eigene innere Jugend, wenn er schon errungen hat, was dem Geiste das Alter gewährt. Schneller übersieht, was da ist, der geübte Blick, leichter faßt jedes, wer schon viel ähnliches kennt, und wärmer muß die Liebe sein, die aus einem höhern Grade eigener Bildung hervorgeht. So soll mir bleiben der Jugend Kraft und Genuß bis ans Ende. Bis ans Ende will ich stärker werden und lebendiger durch jedes Handeln, und liebender durch jedes Bilden an mir selbst. Die Jugend will ich dem Alter vermählen, daß auch dies habe die Fülle und durchdrungen sei von der Wärme. Was ist's denn, worüber sie klagen im Alter? Es sind nicht die nothwendigen Folgen der Erfahrung, der Weisheit und der Bildung. Macht der Schatz der bewahrten Gedanken stumpf des Menschen Sinn, daß ihn nicht reizt weder Neues noch Altes? Wird die Weisheit mit ihrem festen Wort zuletzt banger Zweifel, der jedes Handeln zurückhält? Ist die Bildung ein Verbrennungsgeschäft, das in todte Masse den Geist verwandelt? Was sie klagen ist nur, daß ihnen die Jugend fehlt. Und die Jugend, warum fehlt sie ihnen? Weil in der Jugend ihnen das Alter gefehlt hat. Doppelt sei die Vermählung. Jetzt schon sei im starken Gemüthe des Alters Kraft, daß sie dir erhalte die Jugend, damit später die Jugend dich schütze gegen des Alters Schwäche. Wie sie es theilen, soll gar nicht das Leben getheilt sein. Es erniedrigt sich selbst, wer zuerst jung sein will und dann alt, wer zuerst allein herrschen läßt, was sie rühmen als jugendlichen Sinn, und dann allein folgen, was ihnen der Geist des Alters scheint; es verträgt nicht das Leben diese Trennung seiner Elemente. Ein doppeltes Handeln des Geistes ist es, das vereint sein soll zu jeder Zeit; und das ist die Bildung und die Vollkommenheit, daß beider sich immer inniger bewußt werde der Mensch in ihrer Verschiedenheit, und daß er in Klarheit sondere eines jeden eigenes Geschäft.

Für die Pflanze selbst ist das Höchste die Blüte, die schöne Vollendung des eigenthümlichen Daseins; für die Welt ist ihr Höchstes die Frucht, die Hülle für den Keim des künftigen Geschlechts, das Geschenk, was jedes eigene Wesen darbieten muß, daß die fremde Natur es mit sich vereinigen möge. So ist auch für den Menschen das muntere Leben der Jugend das Höchste, und weh ihm, wenn es von ihm weicht; aber die Welt will, er soll alt sein, damit Früchte reifen je eher je lieber. Also ordne dir das Leben einmal für immer. Was allzu spät die Menschen erst das Alter lehrt, wohin gewaltsam in ihren Fesseln die Zeit sie führt, das sei schon jetzt aus des kräftigen Willens freier Wahl deine Weise in allem, was der Welt gehört. Wo die Blüte des Lebens aus freiem Willen eine Frucht ansetzt, da werde sie ein süßer Genuß der Welt; und verborgen liege darin ein befruchteter Keim, der sich einst entwickele zu eigenem neuen Leben. Was du der Welt bietest, sei leicht sich ablösende Frucht. Opfere nicht den kleinsten Theil deines Wesens selbst in falscher Großmuth! Laß dir kein Herz ausbrechen, kein Blättchen abpflücken, welches Nahrung dir einsaugt aus der umgebenden Welt! Aber treibe auch nicht zornigen Gemüthes gleich hervor täuschenden Auswuchs, ungestaltet und ungenießbar, wo etwa ein verderbliches Thierchen dich sticht; sondern alles was nicht für dich selbst ist Wachsthum der Gestalt oder Bildung neuer Organe, das sei wahre Frucht, aus der innern Liebe des Geistes erzeugt, als freie That seines jugendlichen Lebens Denkmal. Hat sie aber eigenes Leben gewonnen, so trete sie allmählich hervor aus ihren Umhüllungen; und dann werde sie weiter gebildet nach des äußern Handelns Gesetz. Dann sei Klugheit um sie geschäftig und nüchterne Besonnenheit, daß auch wirklich der Welt zugute komme, was freigebig die Liebe ihr zugedacht hat. Dann wäge bedachtsam Mittel und Zweck, sorge und schaue umher mit weiser Furcht, halte zu Rathe Kraft und Arbeit, lege hoch an deine Mühe, und harre geduldig und unverdrossen des glücklichen Augenblicks.

Wehe, wenn die Jugend in mir, die frische Kraft, die

alles zu Boden wirft, was sie einzwängen will, der leichte Sinn, der immer weiter strebt, sich je bemengte mit des Alters Geschäft und mit schlechtem Erfolg auf dem fremden Gebiete des äußern Thuns die Kraft verschwendete, die sie dem innern Leben entzöge! So mögen nur die untergehen, die den ganzen Reichthum des Lebens nicht kennen, und also misverstehend den heiligen Trieb jugendlich sein wollen im äußern Thun. Im Augenblick soll eine Frucht reifen, wie eine Blüte sich entfaltet in Einer Nacht; es drängt ein Entwurf den andern, und keiner gedeiht; und im raschen Wechsel widersprechender Mittel zerstört sich jedes angefangene Werk. Haben sie so in vergeblichen Versuchen die schöne Hälfte des Lebens verschwendet, und nichts gewirkt noch gethan, wo Wirken und Thun ihr ganzer Zweck war: so verdammen sie den leichten Sinn und das rasche Leben, und es bleibt ihnen allein das Alter zurück, schwach und elend wie es sein muß, wo die Jugend verscheucht und verzehrt ist. Daß sie mir nicht auch fliehe, will ich sie nicht misbrauchen; sie soll mir nicht dienen auf fremdem Gebiete zu ungebührlichem Geschäft; in den Grenzen ihres Reichs will ich sie halten, daß ihr kein Verderben nahe. Da aber soll sie mir walten jetzt und immer in ungestörter Freiheit; und kein Gesetz, welches nur dem äußern Thun gebieten darf, soll mir das innere Leben beschränken.

Alles Handeln in mir und auf mich, das der Welt nicht gehört und nur mein eigenes Werden ist, trage ewig der Jugend Farbe und gehe fort, nur dem innern Triebe folgend, in schöner sorgloser Freude. Laß dir keine Ordnung gebieten, wann du anschauen sollst oder begreifen, wann in dich hineingehen oder aus dir heraus! Fröhlich jedes fremde Gesetz verschmäht und den Gedanken verscheucht, der in todten Buchstaben verzeichnen will des Lebens freien

Wechsel! Laß dir nicht sagen, dies müsse erst vollendet sein, dann jenes! Gehe weiter, wie und wann es dir gefällt, mit leichtem Schritt: lebt doch alles in dir und bleibt, was du gehandelt hast, und findest es wieder wenn du zurückkommst. Laß dir nicht bange machen, was wol daraus werden möchte, wenn du jetzt dies begönnest oder jenes! Immer wird nichts als du: denn was du wollen kannst, gehört auch in dein Leben. Wolle ja nicht mäßig sein im Handeln! Lebe frisch immer fort; keine Kraft geht verloren, als die du ungebraucht in dich zurückdrängst. Wolle ja nicht dies jetzt, damit du hernach wollen könntest jenes! Schäme dich, freier Geist, wenn das eine in dir sollte dienen dem andern; nichts darf Mittel sein in dir, ist ja eins so viel werth als das andere; drum, was du wirst werde um sein selbst willen. Thörichter Betrug, daß du wollen solltest was du nicht willst! Laß dir nicht gebieten von der Welt, wann und was du leisten sollest für sie! Verlache stolz die thörichte Anmaßung, muthiger Jüngling, und leide nicht den Druck! Alles ist deine freie Gabe: denn in deinem innern Handeln muß aufgehen der Entschluß ihr ewas zu thun; und thue nichts, als was so dir in freier Liebe und Lust hervorgeht aus dem Innern des Gemüthes. Laß dir keine Grenzen setzen in deiner Liebe, nicht Maß, nicht Art, nicht Dauer! Ist sie doch dein Eigenthum: wer kann sie fordern? Ist doch ihr Gesetz blos in dir: wer hat dort zu gebieten? Schäme dich, fremder Meinung zu folgen in dem was das Heiligste ist! Schäme dich der falschen Scham, daß sie nicht verstehen möchten, wenn du den Fragenden sagtest: darum liebe ich! Laß dich nicht stören, was auch äußerlich geschehe, in des innern Lebens Fülle und Freude! Wer wollte vermischen was nicht zusammengehört, und grämlich sein in sich selbst? Härme dich nicht, wenn du dies nicht sein kannst, und jenes nicht thun! Wer

wollte mit leerem Verlangen nach der Unmöglichkeit hin=
sehen, und mit habsüchtigem Auge nach fremdem Gut?

So frei und fröhlich bewegt sich mein inneres Leben.
Wann und wie sollte wol Zeit und Schicksal mich andere
Weisheit lehren? Der Welt lass' ich ihr Recht: nach Ord=
nung und Weisheit, nach Besonnenheit und Maß streb' ich
im äußern Thun. Warum sollt' ich auch verschmähen, was
sich leicht und gern darbietet und willig hervorgeht aus
meinem innern Wesen und Handeln? Ohne Mühe gewinnt
das alles in reichem Maße, wer die Welt anschaut; aber
durch das Anschauen seiner selbst gewinnt der Mensch, daß
sich ihm nicht nähern darf Muthlosigkeit und Schwäche:
denn dem Bewußtsein der innern Freiheit und ihres Han=
delns entsprießt ewige Jugend und Freude. Dies hab' ich
ergriffen und lasse es nimmer: und so seh' ich lächelnd
schwinden der Augen Licht und keimen das weiße Haar zwi=
schen den blonden Locken. Nichts was geschehen kann mag
mir das Herz beklemmen, frisch bleibt der Puls des innern
Lebens bis an den Tod.

Die Weihnachtsfeier.

Ein Gespräch.

Der freundliche Saal war festlich aufgeschmückt, alle Fenster des Hauses hatten ihre Blumen an ihn abgetreten; aber die Vorhänge waren nicht heruntergelassen, damit der hereinleuchtende Schnee an die Jahreszeit erinnern möchte. Was von Kupferstichen und Gemälden sich auf das heilige Fest bezog, zierte die Wände; und ein paar schöne Blätter dieser Art waren das Geschenk der Hausfrau an ihren Gatten. Die zahlreich und hoch gestellten durchscheinenden Lampen verbreiteten ein feierliches Licht, welches doch zugleich schalkhaft mit der Neugierde spielte. Denn es zeigte die bekannten Dinge zwar deutlich genug, das Fremde aber und Neue konnte nur langsam und bei genauer Betrachtung bestimmt erkannt und sicher gewürdigt werden. So hatte es die heitere und verständige Ernestine angeordnet, damit nur allmählich die halb im Scherz halb ernsthaft aufgeregte Ungeduld sich befriedigte und die bunten kleinen Gaben noch ein Weilchen von einem vergrößernden Schimmer umgeben blieben.

Alle nämlich, die den eng verbundenen Kreis bildeten, Männer und Frauen, Jünglinge und Mädchen, hatten es diesmal ihr übertragen, das, womit sie einander erfreuen wollten, einem jeden zusammenzustellen und so, was vereinzelt unscheinbar würde, zu einem stattlichen Ganzen zu ordnen. Nun hatte sie es vollbracht. Wie man in einem Winter=

garten zwischen den immergrünen Stauden die kleinen Blüten des Galanthus und der Viole noch unter dem Schnee oder unter der schirmenden Decke des Mooses hervorholen muß: so war jedem sein Gebiet durch Epheu, Myrten und Amaranthen eingehegt, und das Zierlichste lag unter weißen Decken oder bunten Tüchern verhüllt, indeß die größern Geschenke rund umher oder unter den Tafeln mußten aufgesucht werden. Die Namenszeichen fanden sich mit eßbaren Kleinigkeiten geschrieben auf den Bedeckungen, und jeder mochte dann versuchen zu den einzelnen Gaben den Geber aufzufinden.

Die Gesellschaft wartete in den anstoßenden Zimmern, und die Ungeduld gab dem Scherz, der unterdeß getrieben wurde, einen leichten Stachel. Unter dem Vorwande zu errathen oder zu verrathen, wurden Gaben ersonnen, deren Beziehungen auf kleine Fehler und Gewohnheiten, auf lustige Vorfälle und lächerliche Misverständnisse oder Verlegenheiten nicht zu verkennen waren; und wem ein kleiner Streich dieser Art gespielt war, der säumte nicht, ihn nach allen Seiten hin zu erwidern.

Nur die kleine Sophie ging in sich gekehrt mit den größten ihrer Schrittchen auf und ab und war den muthwillig durcheinander Laufenden und Redenden mit ihrer unruhigen Gleichförmigkeit fast ebenso sehr im Wege, als diese ihr. Endlich fragte Anton sie mit verstellter Verdrießlichkeit, ob sie nicht jetzt alle ihre Geschenke gern hingeben würde für einen magischen Spiegel, welcher ihr vergönnte durch die verschlossenen Thüren zu schauen.

„Wenigstens", sagte sie, „thäte ich das eher als du. Denn du bist gewiß mehr eigennützig als neugierig und glaubst wol ohnedies, daß die Strahlen deiner wunderbaren Klugheit auch durch alle Wände nicht aufgehalten werden."

Und nun setzte sie sich in den dunkelsten Winkel und wiegte das Köpfchen bedachtsam in den aufgestützten Händen.

Nicht lange so öffnete Ernestine die Thür, an der sie angelehnt stehen blieb. Allein anstatt daß die muntere Schar begierig, wie man erwarten sollte, zu den besetzten Tafeln geeilt wäre, wendeten sich plötzlich in der Mitte des Saals, wo man das Ganze überschauen konnte, unwillkürlich alle Blicke auf sie. So schön war die Anordnung und ein so vollkommener Ausdruck ihres Sinnes, daß unbewußt und nothwendig Gefühl und Auge zu ihr hingezogen wurden. Halb im Dunkel stand sie da und gedachte sich unbemerkt an den geliebten Gestalten und an der leichten Freude zu ergötzen: aber sie war es, an der sich alles zuerst ergötzte. Als hätte man das übrige schon genossen, und als wäre sie die Geberin von allem, so sammelte man sich um sie her. Das Kind umfaßte ihre Knie und schaute sie mit den großen Augen an, ohne Lächeln, aber unendlich lieblich; die Freundinnen umarmten sie; Eduard küßte ihr schönes heruntergeschlagenes Auge, und wie es jedem geziemte, wurde ihr von allen die herzlichste Liebe und Andacht bezeigt. Sie mußte selbst das Zeichen geben zur Besitznehmung.

„Wenn ich es euch zu Dank bestellt habe, ihr Lieben!" sagte sie, „so vergeßt nur nicht über dem Rahmen das Bild, und bedenkt, daß ich nur den festlichen Tag und eure fröhliche Liebe geehrt habe, deren Zeichen ihr mir anvertrautet. Kommt nun, und sehe jedes, was ihm bescheret ist; und wer nicht verständig zu rathen weiß, lasse sich geduldig auslachen."

Auch fehlte es hieran nicht. Zwar die Frauen und Mädchen riefen mit großer Zuversicht zu einer jeglichen Gabe den Geber aus, sodaß sich keiner verleugnen konnte; aber die Männer begingen viele Misgriffe, und nichts war lustiger und verdrießlicher, als wenn sie über ihre Vermuthung schon einen witzigen Einfall ausgestellt hatten und dieser dann wie ein schlechter Wechsel mit Protest zurückgeschickt wurde.

„Es muß sich wol so ziemen", sagte Leonhardt, „wenngleich es uns mit Recht immer verdrießt, daß die Frauen in diesen lieblichen Kleinigkeiten uns so weit an Scharfsinn übertreffen. Denn wie ihre Gaben weit mehr als die unsrigen durch ihre Bedeutung die feinste Aufmerksamkeit verrathen und wir diese schöne Frucht ihres Talents genießen: so müssen wir uns auch jene andere Wirkung desselben gefallen lassen, wiewol sie uns etwas in den Schatten stellt."

„Zu gütig", entgegnete Friederike; „es ist gar nicht so allein unser Talent, sondern, wenn es zu sagen erlaubt ist, eine gewisse Ungeschicktheit in euch Männern kommt uns auch nicht wenig zu Hülfe. Ihr liebt gar sehr die geraden Wege, wie es auch den Machthabern geziemt, und eure Bewegungen, wenn ihr auch gar nichts damit zu sagen gemeint seid, sind doch von einer so verrätherischen Verständlichkeit, wie etwa auf dem Schachbret die Entwürfe desjenigen, der es nicht unterlassen kann, die bedenklichen Steine des Gegners prüfend zu berühren und mit unreifem Entschluß seine eigenen sechsmal zu heben, ehe er einmal zieht."

„Ja, ja!" entgegnete Ernst ehrlich lächelnd und verstellt seufzend, „es bleibt wol bei dem, was der alte Salomon sagt: Den Mann hat Gott aufrichtig geschaffen, aber die Weiber suchen viel Künste."

„So habt ihr doch den Trost", sprach Karoline, „uns nicht verderbt zu haben durch die moderne Artigkeit. Vielleicht mag wol gar beides ebenso ewig sein als nothwendig; und wenn etwa eure ehrliche Einfalt die Bedingung unserer Schlauheit ist, so beruhigt euch damit, daß vielleicht auf

Die Weihnachtsfeier.

einer andern Seite unsere Beschränktheit sich ebenso verhält zu euern größern Talenten."

Indeß waren die Geschenke näher betrachtet worden, und zumal was eigene weibliche Arbeiten waren in Stickerei und feiner Nähkunst, wurde von ihnen allen mit Kunstverstand geprüft und gelobt. Sophie hatte zuerst nur einen flüchtigen Blick auf ihre eigenen Schätze geworfen, und war gleich bald hier bald dort bei allen umhergegangen, alles neugierig beschauend und eifrig rühmend, vor allen Dingen aber ansehnliche Bruchstücke von den zerstörten Namenszeichen einbettelnd. Denn an Süßigkeiten aller Art ist sie unersättlich und liebt große Vorräthe davon zu besitzen, zumal wenn sie sie auf diese Weise zusammenbringen kann. Erst nachdem sie ihre Reichthümer mit einem solchen Magazin vermehrt hatte, fing sie an ihre Geschenke genauer zu betrachten, und ging nun wieder zeigend und triumphirend mit jedem einzelnen Stücke besonders umher, gleich von jedem, wie es sich thun ließ, Gebrauch machend, um dadurch die Vortrefflichkeit der Gaben am sichersten zu beweisen.

„Aber das Beste scheinst du gar nicht zu achten", erinnerte die Mutter.

„O ja, einzige Mutter", sagte das Kind, „ich habe nur noch nicht Herz dazu. Denn ist es ein Buch: so hilft es mir nicht, ob ich hier hineinsehe; ich muß mich hernach in das Kämmerchen verschließen, um es dort erst zu genießen. Hat mir aber jemand, denn du bist es sicher nicht gewesen, einen ernsthaften Scherz gemacht mit Mustern und Anleitungen zu allerlei Stricken und Sticken und andern Herrlichkeiten: so verspreche ich dir, so gewiß ich kann, sie im neuen Jahre recht fleißig zu gebrauchen; aber nur jetzt will ich es noch nicht wissen."

„Schlecht gerathen!" sprach der Vater. „Dergleichen ist es nicht, denn du willst noch nicht verdienen, so etwas zu besitzen; aber es ist auch kein Buch, womit du dich, um es seiner Bestimmung gemäß zu genießen, in die Kammer zurückziehen könntest."

Nun zog sie es mit der größten Begierde hervor, auf die Gefahr, einen großen Theil ihrer Vorräthe zu verschütten, rief mit einem Schrei aus: „Musik!" und umherblätternd: „O große Musik! Weihnachten für ein ganzes Leben! Ihr sollt singen, Kinder, die herrlichsten Sachen." Nun las sie die Ueberschriften von größtentheils religiösen Compositionen, alle in Bezug auf das liebliche Fest, lauter vorzügliche und zum Theil auch alte seltene Sachen. Sogleich lief sie nun zum Vater hin, um in leidenschaftlicher Dankbarkeit ihn mit Küssen zu überdecken.

Bei der schon erwähnten Abneigung gegen weibliche Arbeiten zeigt das Kind ein entschiedenes Talent zur Musik; aber auch ebenso beschränkt als groß. Zwar ihr Sinn ist keineswegs beschränkt, sondern sie hat herzliche Freude an allem Schönen auf jedem Gebiet dieser Kunst. Nur selbst ausüben mag sie nicht leicht etwas, als was im großen Kirchenstil gesetzt ist. Man darf es schon selten für ein Zeichen einer rein fröhlichen Stimmung halten, wenn sie halblaut ein leichtes lustiges Liedchen trillert. Geht sie aber ans Instrument und setzt ihre Stimme, die sich zeitig zur Tiefe neigt, ordentlich in Bewegung, so hat sie es immer nur mit jener großen Gattung zu thun. Hier weiß sie jedem Tone sein Recht zu geben, jeder tritt mit kaum von den andern sich losreißender Liebe heraus, steht aber dann doch selbstständig da in gemessener Kraft, bis auch er wieder, wie mit einem frommen Kusse, dem nächsten seine Stelle einräumt. Auch wenn sie allein zur Uebung

singt, bezeugt ihr Gesang so viel Achtung für die andern
Stimmen, als ob diese ebenfalls wirklich gehört würden;
und wie sehr sie auch oft ergriffen ist, niemals doch stört
eine Art von Uebermaß den Wohllaut des Ganzen. Man
kann es kaum anders nennen, auch ganz abgesehen von den
Gegenständen, als daß sie mit Andacht singt und jeden
Ton mit demüthiger Liebe wartet und pflegt. Wie nun
Weihnachten recht eigentlich das Kinderfest ist, und sie ganz
besonders darin lebt: so konnte ihr kein lieberes Geschenk
erscheinen als eben dieses.

Sie saß eine Weile in das Anschauen der Tonzeichen
vertieft, griff die Accorde auf dem Buch und sang in sich
hinein ohne Laut, aber mit sichtlicher Bewegung der Mus=
keln und mit lebhaften Geberden. Dann sprang sie plötzlich
hinaus, kehrte aber bald zurück und sagte:

„Nun laßt aber alles Besehen und Besprechen, und kommt
bei mir zu Gaste drüben. Ich habe schon alles angezündet;
der Thee ist auch bald bereitet, und also ist jetzt die be=
quemste Zeit. Ich durfte euch nichts schenken, wie ihr wißt
und gesehen habt; aber auf ein Schauspiel euch einzuladen
ist mir nicht verboten."

Man hatte ihr nämlich die Bedingung gemacht, sie sollte
mit unter die Zahl der Schenkenden aufgenommen werden,
sobald sie eine fehlerfreie zierliche Arbeit als erste Gabe dar=
bringen könnte. Dies hatte sie noch nicht vermocht; aber
sie wollte sich doch auf irgendeine Weise schadlos halten.
Nun besitzt sie eins von jenen kleinen künstlichen Spielwerken,
auf denen der ursprünglichen Absicht nach die Geschichte des
Tags durch kleine bewegliche geschnitzte Figuren unter an=
gemessenen Umgebungen soll dargestellt sein, gewöhnlich aber
wird diese so gut als ganz verdrängt durch eine Menge von
ungehörigen, ja zum Theil abgeschmackten und burlesken

Zuthaten, welche man anbringt, um dem einfältigen Me=
chanismus möglichst viel buntscheckige Verrichtungen zu ge=
ben; dies hatte sie gereinigt, aufs neue in Stand gesetzt,
hier und da Verbesserungen angebracht, und es war nun in
ihrer Kammer recht vortheilhaft aufgestellt und erleuchtet.
Auf einer ziemlich großen Tafel sah man mit leidlichem Ge=
schick in freier Verwirrung und von wenigen Episoden unter=
brochen viele wichtige Momente aus der äußern Geschichte
des Christenthums dargestellt. Durcheinander sah man da:
die Taufe Christi, Golgatha und den Berg der Himmel=
fahrt, die Ausgießung des Geistes, die Zerstörung des
Tempels, und Christen die sich mit den Sarazenen um das
Heilige Grab schlagen, den Papst auf einem feierlichen Zuge
nach der Peterskirche, den Scheiterhaufen des Huß, und die
Verbrennung der päpstlichen Bulle durch Luther, die Taufe
der Sachsen, die Missionarien in Grönland und unter den
Negern, den herrnhutischen Gottesacker und das hallische
Waisenhaus, welches letztere der Verfertiger, wie es schien,
als das jüngste große Werk einer religiösen Begeisterung
eigens hervorheben wollte. Mit besonderm Fleiß hatte die
Kleine überall Feuer und Wasser behandelt und die streiten=
den Elemente recht geltend gemacht. Die Ströme flossen
wirklich, und das Feuer brannte, und sie wußte mit großer
Vorsicht die leichte Flamme zu unterhalten und zu hüten.
Unter allen diesen stark hervortretenden Gegenständen suchte
man eine Zeit lang die Geburt selbst vergeblich, denn den
Stern hatte sie weislich zu verstecken gewußt. Man muß
den Engeln und den Hirten nachgehen, die auch um ein
Feuer versammelt waren, man öffnet eine Thür in der
Wand des Bildwerks — das Haus war nur als Decoration
aufgetragen — und man erblickt in einem Gemach, das also
eigentlich außerhalb liegt, die Heilige Familie. Alles ist

dunkel in der ärmlichen Hütte, nur ein verborgenes starkes Licht bestrahlt das Haupt des Kindes und bildet einen Widerschein auf dem vorgebeugten Angesicht der Mutter. Gegen die wilden Flammen draußen verhielt sich dieser milde Glanz wirklich wie himmlisches Feuer gegen das irdische. Auch pries Sophie dies selbst mit sichtlicher Zufriedenheit als ihr höchstes Kunststück; sie dünkte sich dabei ein zweiter Correggio und machte ein großes Geheimniß aus der Veranstaltung. Nur, sagte sie, habe sie bisjetzt noch vergeblich darauf gesonnen, auch einen Regenbogenschein hineinzubringen, weil doch, sprach sie, der Christ der rechte Bürge ist, daß Leben und Lust nie mehr untergehen werden in der Welt.

Sie kniete einige Augenblicke — das Köpfchen reichte nur eben auf den Tisch — vor ihrem Werk, unverwandt in das kleine Gemach hineinschauend. Plötzlich ward sie gewahr, daß die Mutter gerade hinter ihr stehe; sie wendete sich zu ihr, ohne ihre Stellung zu ändern, und sagte innig bewegt: „O Mutter, du könntest ebenso gut die glückliche Mutter des göttlichen Kindleins sein! Und thut es dir denn nicht weh, daß du es nicht bist? Und ist es nicht deshalb, daß die Mütter die Knaben lieber haben? Aber denke nur an die heiligen Frauen, welche Jesum begleiteten, und an alles, was du mir von ihnen erzählt. Gewiß, ich will auch eine solche werden, wie du eine bist." Die gerührte Mutter hob sie auf und küßte sie.

Die andern betrachteten indeß einzeln dies und jenes. Besonders ernsthaft stand Anton davor. Er hatte seinen jüngern Bruder neben sich und zeigte diesem erklärend, mit der weitschweifigen pathetischen Eitelkeit eines Cicerone, alles was er wußte. Der Kleine schien sehr aufmerksam, verstand aber gar nichts und wollte immer zwischendurch in das

Gewässer greifen und nach den Flammen, um sich zu überzeugen, ob sie auch wahrhaft wären und keine Täuschung.

Während die meisten noch hier beschäftigt waren, ließ Sophie nicht ab mit leisen Bitten beim Vater; er mußte sich mit Friederike und Karoline in das andere Zimmer ziehen lassen, letztere setzte sich ans Klavier, und sie sangen zusammen das Chor „Lasset uns ihn lieben", und den Choral „Willkommen in dem Jammerthal", auch noch einiges andere aus Reichardt's trefflicher Weihnachtscantilene, in welcher die Freude und das Gefühl der Errettung und die demüthige Anbetung so schön ausgedrückt ist. Bald hatten sie die ganze Gesellschaft zu andächtigen Zuhörern, und als sie geendet hatten, geschah es, wie immer, daß religiöse Musik zuerst eine stille Befriedigung und Zurückgezogenheit des Gemüths bewirkt. Es gab einige stumme Augenblicke, in denen aber alle wußten, daß eines jeden Gemüth liebend auf die übrigen und auf etwas noch Höheres gerichtet war.

Der Ruf zum Thee versammelte bald wieder die übrigen im Saale; nur Sophie blieb noch lange in emsiger Uebung am Klavier, und kam nur schnell und ohne große Theilnahme ab und zu, ihren Durst zu löschen.

Man ging auf und nieder und beschäftigte sich noch einmal mit den Geschenken. Sie schienen nun erst, nachdem etwas anderes vorgegangen war, recht in den Besitz ihrer neuen Eigenthümer übergegangen zu sein, und konnten deshalb auch schon von den Gebern selbst als etwas Fremdes betrachtet und unbefangen gerühmt werden. Manches war vorher von vielen übersehen worden, an manchem wurden nun erst noch besondere Vorzüge entdeckt.

„Wir haben aber auch diesmal", sagte Ernst, „ein besonders günstiges Jahr, um uns an unsern Gaben zu erfreuen. Manche bedeutende Aenderung steht bevor. Das niedliche Kinderzeug, womit Agnes so reichlich beschenkt ist, die schönen kleinen Kostbarkeiten für unsere künftige Einrichtung, meine gute Friederike, das Reisegeräth für Leonhardt, selbst die Schulbücher für deinen Anton, liebe Agnes, alles zeigt auf Fortschritte und schöne Ereignisse und macht uns die Freuden der Zukunft auf eine belebende Art gegenwärtig. Ist doch das Fest selbst die Verkündigung eines neuen Lebens für die Welt, und so wird es uns natürlich am eindrücklichsten und erfreulichsten, wenn auch in unserm Leben sich etwas Neues bedeutend regt. Ich schließe dich aufs neue wie ein Geschenk des heutigen Tags in meine Arme, du Geliebte! Als wärest du mir mit dem Erlöser zugleich itzt eben gegeben, so ergreift mich ein wunderbares festliches Gefühl in hoher Freude. Ja es kann mich schmerzen, daß nicht alle hier, so wie wir, vor einer neuen Stufe des Lebens andächtig knien, daß euch, geliebten Freunde, nichts Großes nahe liegt, was sich dem größten Gegenstand unmittelbar anheftet; und ich fürchte, wie unsere Gaben nur bedeutungslos erscheinen können gegen die eurigen an uns, so sei auch euer Gemüthszustand zwar heiter und glücklich, aber doch minder bewegt und erhöht, ja ich möchte fast sagen gleichgültig im Vergleich mit dem unsrigen."

„Gewiß, du bist sehr gut, lieber Freund", erwiderte Eduard, „aus deiner Begeisterung so theilnehmend auf uns herüberzusehen. Aber doch rückt eben die Begeisterung uns dir zu sehr in die Ferne. Bedenke nur, daß unser ruhiges Glück eben dasselbe ist, dem du entgegengehst, und daß jede echte Begeisterung, zumal die der Liebe, etwas nie Veraltendes und immer Erregbares bleibt. Oder kannst du dir Ernestinens Gefühl bei dem Ausdruck kindlicher Andacht und tiefer Innigkeit in unserer Sophie als etwas Gleichgültiges, kannst du es ohne die lebendigste Thätigkeit der Phantasie denken,

in welcher Gegenwart, Vergangenheit und Zukunft sich um=
schlingen? Sieh nur, wie sie im Innern bewegt ist, wie
sie in einem Meere der reinsten Glückseligkeit badet."

„Ja, ich gestehe es gern", sagte Ernestine, „ordentlich
entzückt hat sie mich vorher mit ihren wenigen Worten. Aber
ich thue ihr unrecht, die Worte allein könnten eher einem,
der sie nicht kennt, als Affectation vorgekommen sein; es
war ungetheilt die ganze Anschauung des Kindes. Das
engelreine Gemüth that sich so herrlich auf, und wenn ihr
versteht was ich meine, aber ich weiß es nicht anders aus=
zudrücken, in der größten Unbefangenheit und Unbewußtheit
lag ein so tiefer gründlicher Verstand des Gefühls, daß ich
überschüttet wurde von der Fülle des Schönen und Liebens=
würdigen, das nothwendig aus diesem Grunde emporwachsen
muß. Wahrlich, ich fühle es, daß sie in Einer Hinsicht nicht
zu viel gesagt hat, als sie sagte, ich könnte wol auch die
Mutter des angebeteten Kindes sein, weil ich in der Tochter,
wie Maria in dem Sohne, die reine Offenbarung des Gött=
lichen recht demüthig verehren kann, ohne daß das richtige
Verhältniß der Mutter zum Kinde dadurch im mindesten
gestört würde."

„Darüber sind wir wol alle einverstanden", sagte Agnes,
„daß das sogenannte Verzärteln und Verziehen, das nicht
den Kindern, nur sich selbst zu Liebe geschieht, um sich etwas
Unangenehmes zu ersparen, nichts zu schaffen haben kann mit
dem, was du meinst."

„Wir Frauen verstehen das wol", erwiderte Ernestine;
„aber ob man es nicht den Männern doch bisweilen aus=
drücklich vorhalten muß? Wenn deren eigentliche Sorge
angeht, zumal für die Knaben, dann gilt es Tapferkeit und
Tüchtigkeit, das Fortschreiten ist dann immer verbunden mit
Anstrengung und Versagung, ja oft mag es auch noththun, das

vergrößernde Selbstgefühl niederzuhalten; und dies könnte den Vätern leicht eine unrichtige Ansicht geben, wenn sie sich nicht an unserm mütterlichen Thun und Sinn fleißig orientirten."

„Ja, wir erkennen es", sprach Eduard, „wie ihr bestimmt seid und gemacht, die ersten reinen Keime zu pflegen und zu entwickeln, ehe noch etwas Verderbliches heraustritt oder sich ansetzt. Den Frauen, die sich dem heiligen Dienst widmen, ziemt es überall, im Innern des Tempels zu wohnen als Vestalinnen, die des heiligen Feuers wachen. Wir dagegen ziehen außen herum in strenger Gestalt, üben Zucht und predigen Buße, oder heften den Pilgern das Kreuz an und umgürten sie mit dem Schwert, um ein verlorenes Heiligthum zu suchen und wiederzugewinnen."

„Du bringst mich", unterbrach ihn Leonhardt, „wieder auf meinen Gedanken zurück, den ich im Fluß euers Gesprächs schon fast verloren hatte. Er betrifft eure Sophie und schwebt mir seit einiger Zeit schon öfters auf der Zunge, itzt aber besonders lebhaft. Ihre kindliche Frömmigkeit rührt mich gewiß ebenfalls; aber mir schaudert auch nicht selten davor. Wie ihr Gefühl herausbricht, erscheint sie mir bisweilen schon im Geist wie eine Knospe, die durch zu starken Trieb in sich selbst vergeht, ehe sie sich aufschließt. Bei allem Heiligen, lieben Freunde, gebt diesem Gefühl nicht zu viel Nahrung! Oder könnt ihr sie nicht so lebhaft wie ich sehen mit früh verblühten Farben, vielleicht gar im Schleier mit unfruchtbarem Rosenkranzdienst vor einem Heiligenbilde knien, oder wenn das nicht, eingehüllt in das zurückstoßende Häubchen und die anmuthslose Tracht, vom freien und frohen Lebensgenuß ausgeschlossen, in einem herrnhutischen Schwesternhause dumpf und unthätig hinbrüten? Es ist eine gefährliche Zeit, viel schöne weibliche Gemüther begeben sich in eine von diesen schnöden Verirrungen, die Familienbande zerreißen; und so wird auf jeden Fall die schönste Gestalt und das reichste Glück der weiblichen Bestimmung verfehlt, der innern Verschrobenheit, ohne die so etwas gar nicht entstehen kann, nicht zu gedenken. Und das Kind, fürchte ich, hängt sehr nach dieser Seite. Ja es wäre ein unersetzlicher Verlust, wenn dies Gemüth und dieser Geist von dem Verderben einer Zeit ergriffen würden, in welcher, man möchte fast sagen, wenig Frauen ihre Ehre ganz unbefleckt behalten, wenn das wahr ist, was Goethe sagt, daß immer ein Makel auf einer Person haftet, die, wenn auch nur in irgendeinem Sinn, ihre Ehe aufgelöst oder ihre Religion geändert hat. Gesprochen soll werden über eine solche Besorgniß, wenn sie ein Freund hegt; aber nur einmal, und so mag es nicht unrecht sein, daß ich immer, ich weiß nicht wie, bis heute bin gehindert worden."

„Ich gebe dir das Zeugniß", sagte Ernestine, „daß du bist gehindert worden. Denn angemerkt habe ich dir dein besorgliches Gefühl schon mehr als einmal; und bei dieser Bestimmtheit wollte es auch gewiß schon längst gern in Worte übergehen. Aber ich forderte es dir nicht ab, weil ich hoffte, es sollte dir selbst verdächtig werden, wenn du das Kind mehr sähest und sein Inneres sich dir deutlicher entwickelte. Sieh, Lieber, ich berufe mich auf dich selbst. Gewiß ganz richtig setzest du voraus, es liege allemal eine innere Verschrobenheit zum Grunde, wo ein solcher Lebensweg eingeschlagen wird, wie du besorgst. Und wo ist diese leichter zu erkennen als bei einem Kinde, bei dem man so wenig zweifelhaft sein kann, ob irgendetwas wirklich aus dem Innern hervorgegangen ist, oder sich nur von außen angesetzt hat? Kannst du aber wol irgendetwas Verschrobenes in ihr aufzeigen, irgendetwas über die wahre Kindlichkeit Hinausgehendes? Oder irgendein Misverhältniß, wodurch ihre frommen Regungen sonst etwas unterdrücken, was ihr geziemt? Ich weiß nicht anders, als daß sie dies völlig ebenso behandelt wie jedes andere, was ihr lieb und werth ist. Ebenso gibt sie sich jeder Bewegung hin, bei jedem auch ganz kindischen Interesse wirst du sie ganz als dieselbe finden, und sie treibt wahrlich mit diesem so wenig Eitelkeit wie mit jedem andern. Auch fehlt es ihr an jeder Veranlassung dazu und wird ihr, was uns betrifft, immer daran fehlen. Denn niemand merkt hierauf besonders; und wenn sie freilich inne werden muß, wie billig, daß wir diese Gesinnung eben mit unter das Höchste rechnen, so wird doch von den einzelnen Regungen und deren Aeußerung niemals viel Aufhebens gemacht. Wir finden sie natürlich, und so ist auch in der That die Gesinnung ihr natürlich. Was so kommt, denken wir, kann man auch ungestört der Natur überlassen."

„Und zwar um so sicherer", fuhr Eduard halb unterbrechend fort, „je mehr es zu dem Schönsten und Edelsten gehört. Denn wahrlich, lieber Freund, es muß doch das Rechte von der Sache sein, das Innere, was die Kleine so ergreift, da sie gar keine Gelegenheit hat, sich an das blos Aeußerliche zu hängen. Dies Weihnachtsspiel ist in wenigen Tagen beiseitegestellt, und du weißt selbst recht gut, daß es gar nichts Förmliches von religiöser Art in unserm Kreise gibt, kein Gebet zu bestimmten Zeiten, keine eigenen Andachtsstunden, sondern alles nur, wenn es uns so zu Muthe ist. Auch hört sie uns oft dergleichen sprechen, ja singen sogar, was doch so sehr ihre Lieblingssache ist, ohne sich an uns anzuschließen; alles recht nach der Kinder Weise und Art. Zur Kirche hat sie überhaupt nicht besondere Lust. Man singt ihr dort zu schlecht, das übrige versteht sie nicht, und es macht ihr Langeweile. Wäre etwas Erzwungenes in ihrer

Frömmigkeit, oder wäre sie geneigt nachzuäffen, oder sich von fremdem Ansehen leiten zu lassen: würde sie sich dann nicht zwingen, das schön zu finden und der Theilnahme werth, was wir so ausgezeichnet in Ehren halten? Denke ich nun dies in Harmonie mit ihrer übrigen Bildung so fortgehend, so sehe ich nicht ab, wie das römische Wesen oder auch das herrnhutische jemals für sie könnte anlockend werden. Sie müßte in der That erst mit ihrem eigenthümlichen Geschmack, der gar nicht diesen Charakter hat, auch ihr fast dreistes und schroffes Unterscheiden der Hauptsache in allen Dingen vom Schein und von der Umgebung gänzlich ablegen."

„Ich möchte es mir aber doch verbitten", sagte Karoline, ehe Leonhardt wieder das Wort nehmen konnte, „daß ihr das Herrnhutische so mit dem Katholischen zusammenwerft. Ich glaube, man könnte darüber streiten, ob beides auch nur in irgendeiner Hinsicht dasselbe wäre; am wenigsten aber kann ich mir für das Herrnhutische den schönen Titel der Verschrobenheit gefallen lassen. Ihr wißt, ich habe zwei Freundinnen dort, die gewiß nicht verschroben sind, sondern von ebenso geradem Sinn und Verstand als von tiefer Frömmigkeit."

„Liebe Kleine", antwortete Eduard lächelnd, „bei Leonhardt mußt du es der Unwissenschaft zugute halten; er spricht das so nach, wie man es bisweilen hört, und hat gewiß nie in einen herrnhutischen Ort hineingesehen, als um sich einen schönen Sattel zu kaufen, oder eine merkwürdige Fabrik zu betrachten, und sich nebenbei die hübschen Kinder des Schwesternhauses vorstellen zu lassen. Ich aber würde gewiß unrecht haben, wenn ich so etwas im allgemeinen zugestanden hätte. Allein bemerke nur gütigst, daß gar nicht von den Vorzügen oder dem Charakter der verschiedenen

Kirchen die Rede war, sondern daß wir nur von Sophien sprachen; und in Hinsicht auf sie muß dir die Zusammenstellung ganz unverdächtig erscheinen. Denn eben da du die Sache kennst, und unbeschadet deiner beiden Freundinnen, wirst du eingestehen, von einem Mädchen, das seinen religiösen Sinn im Schoße seiner Familie befriedigen kann, das, eben weil es Unschuld und Unbefangenheit bewahrt hat, die Welt gar nicht so gefährlich findet und dabei an eine fröhliche Thätigkeit in einem freien Leben gewöhnt ist, läßt sich gar nicht ohne eine wunderliche Verirrung denken, daß es sich in ein klösterliches Schwesternhaus einsperren sollte. Auch möchte, was ich noch zu Leonhardt sagen wollte, wol von beiden Uebergängen auf gleiche Art gelten, wo nicht etwa das, was du beschützest, durch besondere Umstände motivirt wurde. Die Proselyten beider Art nämlich, so viele ich ihrer kenne, sind gar nicht solche, die sich, wie Sophie, von Kindheit an zum Religiösen hingeneigt haben; sondern wie man sagt, daß die gefallsüchtigen Weiber und die betrügerischen Staatsmänner in spätern Jahren oder nach gewissen Unfällen Frömmlinge werden: so sind diese wenigstens größtentheils solche, die was sie vorher betrieben, Wissenschaft oder Kunst, oder häusliches Leben, auf eine ganz äußerliche Weise behandelten, die Beziehung auf das Höhere aber ganz übersahen. Geht ihnen nun diese irgendwie auf, so betragen sie sich in dieser neuen Welt auch wie die kleinen Kindlein, sie greifen nach dem Glanz, sei es nun ein von außen her auf den Gegenstand geworfener und ihn vergrößernder, oder der eines innerlichen Feuers, das mehr noch als durch seine eigene Flamme durch die Dunkelheit seiner Umgebungen lockt. Und so kann man auch sagen, daß in ihrer Buße immer etwas von der Sünde zurückbleibt, indem sie nämlich die Schuld ihrer vorigen Kälte und Verfinsterung auf die Kirche werfen wollen, der sie angehörten, als würde eben da das heilige Feuer nicht verwahrt, sondern nur ein kaltes Formelwesen getrieben mit leeren Worten und ausgeweideten eingedorrten Gebräuchen."

„Du magst wol recht haben", erwiderte Leonhardt, „daß es sich mit vielen gerade so verhält; aber gewiß ist dies nicht die einzige Quelle dieses Uebels. Unmittelbar von innen heraus scheint es in vielen zu entstehen, und so auch in der Kleinen. Es ist wahrlich wunderbar, daß ich und andere, die ihr wol unter euch Ungläubige nennt, euch warnen und vor euch predigen müssen gegen den Unglauben, aber freilich nur gegen den Unglauben an den Aberglauben, und an alles was daranhängt. Ich brauche dir wol nicht zu betheuern, Eduard, daß ich das Schöne der Frömmigkeit ehre und liebe; aber sie muß ein Innerliches sein und bleiben. Will sie äußerlich so hervortreten, daß sie eigenthümliche Verhältnisse im Leben bildet, so entsteht das Verhaßteste daraus: versteinernde Absonderung und geistlicher Stolz, das gerade Gegentheil von dem, was die Frömmigkeit eigentlich bewirken soll. Besinne dich, Eduard, wie wir noch neulich davon redeten, daß der sogenannte geistliche Stand nur dann ohne Gefahr sein könnte von dieser Seite, wenn die Frömmigkeit überall verbreitet wäre, die man von seinen Mitgliedern verlangt; und wie du unter der großen Zahl, die du von Amts wegen kennst, mit Mühe ein paar Beispiele auftreiben konntest von solchen, die nicht in das letzte Uebel gerathen wären. Noch verderblicher aber wird es für die Laien, die keinen besondern Beruf dazu haben, wenn sie sich einer ausgezeichneten Frömmigkeit befleißigen wollen. Ja es gemahnt mich völlig wie ein Rausch; nur anders ist der der Katholiken, die sich an ganz äußerlichen frommen Werken übernehmen, und anders der der Unsrigen, wenn sie sich um irgendeine engherzig ausschließende Meinung versammeln. Und aus demselben Becher hat auch deine Kleine, wie es scheint, schon einen Zug gethan, der für ein solches Kind gar nicht schlecht ist. Gönnst du ihr nun thörichterweise diesen Ehrgeiz, eine heilige Frau zu werden, oder pflegst ihn gar: wo will sie dereinst damit hin als ins Kloster oder zu den Schwestern? Denn wir andern thun dergleichen nicht gut in der Welt. Nun gar die spielende Andacht mit dem Christkindlein, die Anbetung des Heiligenscheins, den sie ihm selbst gemacht hat: ist das nicht der unverkennbarste Keim des Aberglaubens? Ist es nicht der baare Götzendienst? Seht, das ist es, lieben Freunde, was gewiß, wenn ihm nicht Einhalt gethan wird, in etwas Unvernünftiges endet. Aber weit entfernt dem Einhalt zu thun, habe ich die deutlichsten Spuren, daß ihr dem Kinde sogar die Bibel gebt. Ich will hoffen, nicht ganz frei hin zum eigenen Gebrauch; aber es sei, daß ihr darin leset in ihrer Gegenwart, oder daß die Mutter ihr daraus erzählt, immer gleichviel. Das Mythische muß ihre Phantasie locken, und wunderlich verworrene sinnliche Bilder müssen sich festsetzen, neben denen hernach kein gesunder Begriff Platz finden kann; ein geheiligter Buchstabe steht auf dem Thron, in den die ungezügelte Willkür, die das Kind gängelt, hineinlegt was nie darin lag; das Mirakulöse ohnehin nährt den Aberglauben unmittelbar, und der Unzusammenhang begünstigt jede Täuschung der eigenen Schwärmerei und jeden Betrug eines angelernten Systems. Wahrlich, zu einer Zeit, wo sich die Prediger sogar rühmlich beeifern auf der Kanzel die Bibel möglichst entbehrlich zu machen, diese den Kindern wieder in die Hände geben, für welche sie niemals gemacht war, dies ist das Aergste; und es wäre diesen Büchern, um sie mit ihren eigenen Worten zu strafen, besser, daß ein Mühlstein an ihren Hals gebun-

den und sie im Meere versenkt würden, da es am tiefsten
ist, als wenn sie den Kleinen zum Aergerniß gereichen. Wie
soll es nun werden, wenn sie die heilige Geschichte mit den
andern Feenmärchen in sich aufnimmt? Welche Gefahren
entstehen nicht daraus, wenn das Herz an einem solchen Glau=
ben hangt, das Leben durch einen solchen geordnet werden
soll, der keine andere Wahrheit hat als diese; zumal wie
bedenklich für das andere Geschlecht! Ein Knabe hilft sich
eher heraus und findet noch zur rechten Zeit einen festern
Boden; oder wäre es recht arg mit ihm geworden, so lasse
man ihn nur ein Jahr Theologie studiren, das heilt ihn gewiß."

„Ich muß nur", sagte Eduard, nachdem er wohl ab=
gewartet, ob auch die Rede zu Ende wäre, „unsern Leon=
hardt gegen euch vertheidigen, die ihr ihn noch nicht genau
kennt, damit seine Rede euch nicht ruchloser erscheine, als sie
gemeint war. Er ist eigentlich gar nicht so tief in den Un=
glauben versunken und hat mit unsern Aufklärern, zu denen
er sich gesellt, wenig gemein. Nur ist er noch nicht ganz
auf dem Reinen mit sich selbst in dieser Sache, und mischt
deshalb Scherz und Ernst immer so wunderlich, daß nicht
jeder beides soll voneinander sondern können. Wollten wir
aber alles für Ernst nehmen, so würde er uns gewiß nicht
wenig auslachen. Ich will mich also lediglich an den Scherz
halten, lieber Freund, für den Ernst ist das vorhin Gesagte
genug. Laß dir daher erzählen, und erschrick nicht zu sehr.
Ja, das Mädchen hört wirklich manches aus der Bibel recht
genau wie es dasteht. So war ihr auch Joseph nur als
der Pflegevater Christi vorgestellt worden — es ist wol schon
ein Jahr und länger her, was ich jetzt erzähle —; und als
ihr auf die Frage, wer denn sein rechter Vater gewesen,
die Mutter antwortete, er habe keinen andern gehabt als
Gott, meinte sie, Gott wäre ja ihr Vater auch), aber sie

möchte mich deshalb nicht missen, und es gehöre das wol schon zum Leiden Christi, keinen rechten Vater zu haben, denn es sei eine gar herrliche Sache um einen solchen. Wobei sie mir liebkoste und mit meinen Locken spielte. Du siehst daraus, wie streng sie schon auf die Dogmatik hält, und welche vorzügliche Anlage sie hat, für den Glauben an die jungfräuliche Empfängniß zur Märtyrerin zu werden. Ja noch mehr, sie nimmt wirklich die heilige Geschichte in etwas wie ein Märchen. Denn wie sie sich aus diesen die Idee ausbildet, wenn in einzelnen Momenten schon das Mädchen die Oberhand gewinnt über das Kind: so zweifelt sie auch wol bisweilen an dem Einzelnen und Factischen in jener und fragt, ob das auch buchstäblich zu verstehen sei. Du siehst, es ist arg genug, und sie ist nahe an der allegorischen Erklärung einiger Kirchenväter."

„Der Scherz macht mir ordentlich Muth, auch ein Wörtchen drein zu reden," sagte Karoline; „und so möchte ich eingestehen, sie habe freilich den Heiligenschein um das Christkindlein gemacht, und sie werde bald selbst Kindlein und Mutter zeichnen, malen und womöglich modelliren, allein heidnisch gesinnten Künstlern zum Trotz und Aergerniß. Denn sie kritzelt schon jetzt oft solche Skizzen beim Schreiben und Lesen, also schon halb gedankenlos, was offenbar nur um so ärger katholisch ist. Aber im Ernst glaube ich, wir sind nur um so sicherer vor beidem. Denn bei den Herrnhutern hält man nichts auf Bildwerke, dort wird es ihr also zu unkünstlerisch sein. Und was das Katholische betrifft, so sagt ihr ja immer, die Besten, die von uns zu jener Kirche überträten, thäten es deshalb, weil sie dort einen festen Verein der Religion mit den Künsten anträfen, der bei uns fehle. Hat sich nun Sophie diesen Verein schon gemacht auf ihre eigene Weise, so wird sie kein Bedürfniß fühlen,

sich an jenen anzuschließen, in dem die Kunst oft so wunder=
lich und geschmacklos auftritt."

„Ei", sagte Leonhardt, scheinbar heftig, „wenn sogar
die Mädchen mich verwirrt machen wollen, so muß ich es
ja wol werden über und über. Und meinetwegen mag sie
lieber katholisch werden mit ihrer Anwendung der Künste auf
die Religion, denn ich mag das gar nicht. Ich bin als
Christ sehr unkünstlerisch, und als Künstler sehr unchristlich.
Ich mag die steife Kirche nicht, die uns Schlegel in seinen
auch etwas steifen Stanzen geschildert hat, noch auch die
armen bettelnden erfrorenen Künste, welche froh sind ein
Unterkommen zu finden. Wenn diese nicht ewig jung, reich
und unabhängig für sich leben, sich ihre eigene Welt bildend,
wie sie sich die alte Mythologie unstreitig gebildet haben,
so verlange ich keinen Theil an ihnen. Ebenso die Religion,
wie wir es nehmen, kommt mir schwach vor und verdächtig,
wenn sie sich erst auf die Künste stützen will."

„Sieh dich vor, Leonhardt", sagte Ernst, „daß sie dich
nicht zur Unzeit an deine eigenen Worte erinnern. Hast du
uns nicht neulich noch auseinandergesetzt, daß Leben und
Kunst ebenso wenig ein Gegensatz wären wie Leben und
Wissenschaft, daß ein gebildetes Leben recht eigentlich ein
Kunstwerk wäre, eine schöne Darstellung, die unmittelbarste
Vereinigung des Plastischen und Musikalischen? Nun werden
sie sagen, du wollest also auch nicht, daß das Leben bei der
Religion unterkommen solle oder sich von ihr begeistern
lasse, und sie sollte also nirgends sein als in Worten,
wo ihr sie bisweilen braucht aus allerlei Ursachen."

„Das wollen wir nicht sagen", entgegnete Ernestine.
„Es ist ohnehin des müßigen Streites längst genug, der uns
andere langweilt, weil wir das reine Vergnügen am Strei=
ten nicht mit euch theilen können."

„Und wir sind ja offenbar einig", fügte Eduard hinzu, „wenigstens in dem wohlthuenden Gefühl, welches sich in unserm heutigen Leben so besonders ausdrückt. Denn was ist die schöne Sitte der Wechselgeschenke wol anders als reine Darstellung der religiösen Freude, die sich, wie Freude immer thut, in ungesuchtem Wohlmeinen, Geben und Dienen äußert und hier noch besonders das große Geschenk, dessen wir uns alle gleichmäßig erfreuen, durch kleine Gaben abbildet. Je reiner diese Gesinnung im ganzen hervortritt, um desto mehr ist unser Sinn getroffen. Und um deswillen, liebe Ernestine, waren wir so ergötzt von deiner Anordnung dieses Abends, weil du unsern Weihnachtssinn so recht ausgedrückt; das Verjüngtsein, das Zurückgehen in das Gefühl der Kindheit, die heitere Freude an der neuen Welt, die wir dem gefeierten Kinde verdanken, das alles lag in dem dämmernden Schein, in der grünen blumigen Umgebung, in dem aufgehaltenen Verlangen."

„Ja gewiß", sagte Karoline, „ist was wir in diesen Tagen fühlen so rein die fromme Freude an der Sache selbst, daß mir ordentlich leid that, was Ernst vorhin äußerte, sie könnte durch irgend frohe Begebenheiten oder Erwartungen des äußern Lebens erhöht werden. Aber es war ihm wol auch nicht recht ernst damit; und was die Bedeutsamkeit unserer kleinen Gaben anlangt, so haben sie ihren Werth insofern gar nicht durch das, worauf sie sich beziehen, sondern nur überhaupt dadurch, daß sie sich auf etwas beziehen, daß die Absicht zu erfreuen darin liegt und der Beweis, wie bestimmt uns das Bild jedes lieben Freundes dabei vorgeschwebt. Mein Gefühl wenigstens unterscheidet jene höhere allgemeinere Freude sehr bestimmt von der lebhaftesten Theilnahme an dem, was euch allen, ihr lieben Freunde, begegnet oder bevorsteht, und ich möchte eher sagen, diese wird durch jene erhöht. Wenn das Schöne und Erfreuliche zu einer Zeit vor uns steht, wo wir uns des Größten und Schönsten aufs innigste bewußt sind, so theilt sich dieses jenem mit, und in Beziehung auf das große Heil der Welt bekommt alles Liebe und Gute eine größere Bedeutung. Ja ich fühle es noch klar, wie ich es schon einmal erlebt habe, daß auch neben dem tiefsten Schmerz jene Freude ungehindert in uns aufblüht, und daß sie ihn reinigt und besänftigt, ohne von ihm gestört zu werden, so ursprünglich ist sie und unmittelbar in einem Unvergänglichen gegründet."

„Auch ich", sagte Eduard, „der ich nach Ernst's voriger Schätzung leicht der heute am wenigsten Beglückte sein würde unter uns, fühle ein frohes Uebermaß von reiner Heiterkeit in mir, die mir gewiß auch alles übertragen würde, was begegnen möchte. Es ist eine Stimmung, in der ich das Schicksal herausfordern könnte, oder wenn das frevelhaft klingt, mich ihm wenigstens muthig stellen möchte auf jede Forderung; und eine solche Fassung ist doch einem jeden zu wünschen. Ich glaube aber, das volle Bewußtsein und den rechten Genuß derselben verdanke ich auch zum Theil unserer Kleinen, die uns vorhin zur Musik führte. Denn jedes schöne Gefühl tritt nur dann recht vollständig hervor, wenn wir den Ton dafür gefunden haben; nicht das Wort, dies kann immer nur ein mittelbarer Ausdruck sein, nur ein plastisches Element, wenn ich so sagen darf, sondern den Ton im eigentlichen Sinne. Und gerade dem religiösen Gefühl ist die Musik am nächsten verwandt. Man redet so viel darüber hin und her, wie man dem gemeinsamen Ausdruck desselben wieder aufhelfen könnte; aber fast niemand denkt daran, daß leicht das Beste dadurch geschehen möchte, wenn man den Gesang wieder in ein richtigeres Verhältniß setzte gegen das Wort. Was das Wort klar gemacht hat, muß der

Ton lebendig machen, unmittelbar in das ganze innere Wesen als Harmonie übertragen und festhalten."

„Das wird wol auch niemand leugnen", fügte Ernst hinzu, „daß nur auf dem religiösen Gebiet die Musik ihre Vollendung erlangt. Die komische Gattung, die allein als reiner Gegensatz existirt, bestätigt dies eher, als sie es widerlegt; eine ernste Oper aber kann man doch kaum machen ohne eine religiöse Basis, und dasselbe möchte von jedem höhern Kunstwerk von Tönen gelten; denn in den untergeordneten Künsteleien wird niemand den Geist der Kunst suchen."

„Diese nähere Verwandtschaft", sagte Eduard, „liegt wol mit darin, daß nur in der unmittelbaren Beziehung auf das Höchste, auf die Religion und eine bestimmte Gestalt derselben, die Musik, ohne an ein einzelnes Factum geknüpft zu werden, doch Gegebenes genug hat, um verständlich zu sein. Das Christenthum ist ein einziges Thema in unendlichen Variationen dargestellt, die aber auch durch ein inneres Gesetz verbunden sind und unter bestimmte allgemeine Charaktere fallen. Es ist auch gewiß wahr, was jemand gesagt hat, daß die Kirchenmusik nicht des Gesanges, wol aber der bestimmten Worte entbehren könnte. Ein Miserere, ein Gloria, ein Requiem, wozu sollen ihm die einzelnen Worte? Es ist verständlich genug durch seinen Charakter und erleidet keine wesentliche Veränderung, wenn die Worte mit andern ähnlichen Inhalts, so sie nur ebenso sangbar sind und der Musik gemäß gegliedert, in derselben oder einer andern Sprache vertauscht werden; ja niemand wird sagen, es sei ihm etwas Großes entgangen, wenn er die untergelegten Worte auch gar nicht vernommen hat. Darum müssen beide fest aneinanderhalten, Christenthum und Musik, weil beide einander verklären und erheben. Wie Jesus vom Chor der Engel empfangen ward, so begleiten wir ihn mit Tönen und Gesang bis zum großen Halleluja der Himmelfahrt; und eine Musik wie Händel's «Messias» ist mir gleichsam eine compendiöse Verkündigung des gesammten Christenthums."

„Ja überhaupt", fügte Friederike hinzu, „der frömmste Ton ist es, der am sichersten ins Herz bringt."

„Und die singende Frömmigkeit", stimmte Karoline bei, „ist es, die am herrlichsten und geradesten zum Himmel aufsteigt. Nichts Zufälliges, nichts Einzelnes hält beide auf. Ich erinnere mich bei dem, was Eduard sagt, an etwas unlängst Gelesenes; ihr werdet gleich rathen, wem es angehört. Nie über einzelne Begebenheiten, so lauten etwa die Worte, weint oder lacht die Musik, sondern immer nur über das Leben selbst."

„Wir wollen in Jean Paul's Namen hinzusetzen", sagte Eduard, „die einzelnen Ereignisse seien für sie nur durchgehende Noten, ihr wahrer Inhalt aber die großen Accorde des Gemüths, die wunderbar und in den verschiedensten Melodien wechselnd sich immer doch in dieselbe Harmonie auflösen, in der nur Dur und Moll zu unterscheiden ist, Männliches und Weibliches."

„Seht", fiel Agnes ein, „hier kommen wir wieder auf meine vorige Rede. Das Einzelne, das Persönliche, es sei nun Zukunft oder Gegenwart, Freude oder Leid, kann einem Gemüthe, das sich in frommen Stimmungen bewegt, so wenig geben oder nehmen, als etwa durchgehende Noten, die nur leichte Spuren zurücklassen, den Gang der Harmonie afficiren."

„Höre, Eduard", fiel Leonhardt hastig ein, „es wird mir zu arg mit euerer Ruhe, welche die Wirklichkeit des

Lebens ganz verleugnet, und dich muß ich darüber anklagen. Leidest du wol", fuhr er halb leise fort, „daß Agnes so sprechen kann, sie, die in der schönsten und seligsten Hoffnung lebt?"

„Warum nicht?" antwortete sie selbst. „Ist nicht eben auch hierbei das Persönliche zugleich das Vergängliche? Ist nicht ein Neugeborenes den meisten Gefahren ausgesetzt? Wie leicht wird die noch unstete Flamme auch von dem leisesten Winde ausgeweht! Aber die Mutterliebe ist das Ewige in uns, der Grundaccord unsers Wesens."

„Und so ist es dir gleichgültig", fragte Leonhardt, „ob du dein Kind bilden kannst zu dem, was dir vorschwebt, oder ob es dir in der ersten dürftigen Periode des Lebens wieder entrissen wird?"

„Gleichgültig?" entgegnete sie, „wer sagt das? Aber das innere Leben, die Haltung des Gemüths wird nicht dadurch verlieren. Und glaubst du denn, die Liebe geht auf das, wozu wir die Kinder bilden können? Was können wir bilden? Nein, sie geht auf das Schöne und Göttliche, was wir in ihnen schon glauben, was jede Mutter aufsucht in jeder Bewegung, sobald sich nur die Seele des Kindes äußert."

„Seht, ihr Lieben", sagte Ernestine, „mit diesem Sinn ist wieder jede Mutter eine Maria. Jede hat ein ewiges, göttliches Kind und sucht andächtig darin die Bewegungen des höhern Geistes. Und in solche Liebe bringt kein Schicksal eine schmerzliche Zerstörung, noch auch keimt darin das verderbliche Unkraut der mütterlichen Eitelkeit. Mag der Alte weissagen, daß ein Schwert durch ihre Seele gehen wird: Maria bewegt die Worte nur in ihrem Herzen. Mögen die Engel sich freuen und die Weisen kommen und anbeten: sie überhebt sich nicht, sondern bleibt immer in der gleich andächtigen und demüthigen Liebe."

„Wüßtet ihr nur nicht alles so lieblich auszudrücken, daß man es nicht kann verletzen wollen", sprach Leonhardt, „es wäre wol viel dagegen zu sagen. Sonst, wenn das alles so recht vorhielte, wahrlich ihr wäret die Heldinnen dieser Zeit, ihr lieben idealistischen Schwärmerinnen mit euerer Verachtung des Einzelnen und Wirklichen, und man sollte bedauern, daß euere Gemeine nicht stärker ist und daß ihr nicht lauter tüchtige, schon waffenfähige wehrhafte Söhne habt. Ihr müßtet die rechten christlichen Spartanerinnen sein. Darum sehet ja zu euern Worten, und haltet was ihr versprecht; es können euch harte Prüfungen bereitet sein, daß ihr sie gut besteht. Die Anstalten sind schon gemacht. Ein großes Schicksal geht unschlüssig auf und ab in unserer Nähe, mit Schritten, unter denen die Erde bebt, und wir wissen nicht, wie es uns mit ergreifen kann. Daß sich dann nur nicht das Wirkliche mit stolzer Uebermacht für euere demüthige Verachtung räche!"

„Lieber Freund", antwortete Ernst, „die Frauen werden hierin wol schwerlich hinter uns zurückstehen. Und die ganze Probe ist, wie mich dünkt, für sie nicht viel. Was uns aus der Ferne als ein großes Bild häuslichen Elends erscheint, zerfällt in der Nähe in viele Kleinlichkeiten, das Große daran verschwindet, und was den Einzelnen trifft, sind wiederum nur einige von diesen Kleinigkeiten, erleichtert überdies durch die Aehnlichkeit mit dem, was allen rund umher begegnet. Was uns Männer bewegen muß in diesen Angelegenheiten, ist nicht das, was von Nähe und Ferne abhängt, aber gerade das, was nicht in das unmittelbare Gebiet der Frauen fällt und sie nur aufregen kann durch uns und um unsertwillen."

Sophie war unterdeß größtentheils am Instrument gewesen, um sich mit ihren neuerworbenen Schätzen zu befreunben, von denen sie einen Theil noch nicht kannte, und auch von dem Bekannten manches gern gleich als Eigenthum begrüßen wollte. Jetzt eben hörte man sie besonders laut aus einer Cantate einen Choral singen. „Der uns den Sohn geschenkt zum ew'gen Leben, Wie sollt' uns der mit ihm nicht alles geben", an welchen sich eine prächtige Fuge anschloß: „Wenn ich nur dich habe, frage ich nichts nach Himmel und Erden." Als sie dies geendet, verschloß sie das Instrument und kam in den Saal zurück.

„Sieh da", sagte Leonhardt, der sie kommen sah, „unsere kleine Prophetin! Ich will doch gleich hören, inwiefern sie schon zu euch gehört. Sage mir, Kleine", redete er sie an, indem er ihr die Hand hinüberreichte, „du bist doch gewiß lieber lustig als traurig?"

„Ich bin jetzt wol eben keines von beiden", antwortete sie.

„Doch nicht lustig nach so viel schönen Geschenken? Das macht gewiß die ernsthafte Musik! Aber du hast nicht recht verstanden, was ich meinte; ich fragte, zum Ueberfluß freilich, welches von beiden du überhaupt lieber wärest, lustig oder traurig?"

„Ja, das ist schwer zu sagen", erwiederte sie, „ich bin beides nicht außerordentlich gern; aber am liebsten immer das, was ich jedesmal bin."

„Das verstehe ich nun wieder nicht, kleine Sphinx; wie meinst du das?"

„Nun", sagte sie, „ich weiß weiter nicht, als daß Lustigkeit und Traurigkeit bisweilen gar wunderlich durcheinandergehen und sich streiten, und das macht mich ängstlich, weil ich wol merke, wie mir Mutter auch gesagt hat, daß dabei allemal etwas Verkehrtes oder Falsches im Spiel ist, und darum mag ich es nicht."

„Also", fragte er weiter, „wenn du nur eins von beiden ganz bist, so ist es dir einerlei, ob fröhlich oder traurig?"

„Je bewahre, dann bin ich ja eben gern, was ich bin; und was ich gern bin, ist mir ja nicht gleichgültig. Ach Mutter", fuhr sie fort, zu Ernestinen gewendet, „hilf mir doch! Er fragt mich da so wunderlich aus, und ich kann mich gar nicht hinein verstehen, was er eigentlich will. Laß ihn lieber die Großen fragen, die werden ihm ja besser Rede stehen."

„In der That", sagte Ernestine, „ich glaube nicht, Leonhardt, daß du viel weiter mit ihr kommen wirst; sie ist eben noch gar nicht in dem Geschick des Vergleichens mit ihrem Leben."

„Laß dich diesen Versuch nicht abschrecken", tröstete ihn Ernst lächelnd; „es bleibt immer eine schöne Kunst, das Katechisiren, und die man vor Gericht so gut braucht als irgendwo. Auch lernt gewiß immer einer etwas dabei, wenn es nicht ganz verkehrt angefangen wird."

„Sollte sie aber kein Gefühl darüber haben", sagte Leonhardt, den spöttischen Ernst vermeidend, zu Ernestinen gewendet, „ob ihr wohler ist im lustigen Zustande, oder im traurigen?"

„Wer weiß?" entgegnete jene. „Was meinst du, Sophie?"

„Ich weiß es ja wahrlich nicht, Mutter; mir kann in beiden sehr wohl sein, und eben jetzt war mir, auch ohne daß ich eins von beiden bin, außerordentlich wohl. Nur mit seinen Fragen macht er mir Angst, weil ich es nicht anzustellen weiß, alles was vorbei ist so zusammenzusuchen."

Und damit küßte sie der Mutter die Hand und begab sich an das entgegengesetzte Ende des Saals ins Dunkel, wo nur noch einige von den Lampen schimmerten, zu ihren Weihnachtsgeschenken.

„Das hat sie uns doch deutlich gezeigt", sagte Karoline halb leise, „welches der Kindersinn ist, ohne den man nicht ins Reich Gottes kommen kann: eben dies, jede Stimmung und jedes Gefühl für sich hinnehmen und nur rein und ganz haben wollen."

„Wohl", sprach Eduard, „nur daß sie kein bloßes Kind ist, und dies also auch nicht der ganze Kindersinn, sondern sie ist ein Mädchen."

„Nun ja", fuhr Karoline fort, „es sollte auch nur für uns gelten, und ich wollte nur sagen, die Klagen, die man so häufig hört von Jüngern und Aeltern, zumal auch an diesen Tagen der Kinderfreude, daß sie sich nun nicht mehr so freuen könnten wie in ihren Kinderjahren, rühren gewiß nicht von denen her, die eine solche Kindheit gehabt. Nur gestern noch mußte ich mich wundern über die Verwunderung von einigen, denen ich behauptete, ich wäre jetzt noch ebenso lebhafter Freude fähig, nur mehrerer."

„Ja, und die Arme", scherzte Leonhardt, „wird manchmal eben von jener Art für eitel gehalten, wenn sie nichts thut, als sich recht kindlich über etwas Mädchenhaftes erfreuen. Aber laß es gut sein, schönes Kind, diese Widersacher sind dafür diejenigen, denen die Natur eine zweite Kindheit ans Ende des Lebens gesetzt hat, damit ihnen doch, wenn sie dies Ziel erreichen, noch ein letzter Labetrunk aus dem Becher der Freude zutheil werde, zum Schluß der langen kläglichen, freudeleeren Zeit."

„Dies ist wol ernsthafter und tragischer als scherzhaft", sagte Ernst. „Ich wenigstens weiß kaum etwas Schauderhafteres, als wie der große Haufen der Menschen, da sie die ersten Gegenstände der kindischen Freude nothwendig verlieren müssen, hernach aus Unfähigkeit, höhere zu gewinnen, der schönen Entwickelung des Lebens gedankenlos und von

Langeweile gequält — ich weiß nicht, soll man sagen zuschauen, oder beiwohnen, denn auch das ist noch zu viel für ihre reine Unthätigkeit —, bis endlich aus dem Nichts wieder eine zweite Kindheit entsteht, die sich aber zu der ersten verhält wie ein widriger Zwerg zu einem schönen lieblichen Kinde, oder wie das unstete Flackern einer verlöschenden Flamme zu dem um sich greifenden, vielfach sich verwandelnden Schein einer eben entzündeten."

„Nur gegen eines", sprach Agnes, „möchte ich wieder eine Einwendung niederlegen. Müssen denn die ersten kindlichen Gegenstände der Freude in der That verloren gehen, damit man die höhern gewinne? Sollte es nicht eine Art geben, diese zu gewinnen, ohne jene fahren zu lassen? Fängt denn das Leben mit einer reinen Täuschung an, in der gar keine Wahrheit ist, nichts Bleibendes? Wie soll ich das eigentlich verstehen? Beruhen die Freuden des Menschen, der zur Besinnung über sich und die Welt gekommen ist, der Gott gefunden hat, wenn es doch dabei ohne Streit und Krieg nicht abgeht, auf der Vertilgung nicht etwa des Bösen, sondern des Schuldlosen? Denn so bezeichnen wir doch immer das Kindliche, oder auch das Kindische, wenn ihr lieber wollt. Oder muß die Zeit mit ich weiß nicht welchem Gifte die ersten ursprünglichen Freuden des Lebens schon vorher getöbtet haben? Und der Uebergang aus dem einen Zustande in den andern ginge doch auf jeden Fall durch ein Nichts?"

„Ein Nichts kann man es wol nennen", fiel Ernestine ein; „aber es scheint doch, und sie gestehen es auch selbst ein, daß die Männer, man möchte wol sagen die besten am meisten, zwischen der Kindheit und ihrem bessern Dasein ein wunderliches wüstes Leben führen, leidenschaftlich und verworren. Es sieht auf der einen Seite aus wie eine Fortsetzung ihrer Kindheit, deren Freuden auch eine heftige und zerstörende Natur zeigen, auf der andern aber gestaltet es sich auch zu einem unsteten Treiben, einem unschlüssigen, immer wechselnden Fahrenlassen und Ergreifenwollen, wovon wir nichts verstehen. Bei unserm Geschlecht vereinigt sich beides unmerklicher miteinander. In dem, was uns in den Spielen der Kindheit anzieht, liegt schon unser ganzes Leben, nur daß sich, wie wir erwachsen, allmählich die höhere Bedeutung von dem und jenem offenbart; und auch wenn wir Gott und die Welt nach unserer Weise verstehen, drücken wir unsere höchsten und süßesten Gefühle immer zugleich auch in jenen lieblichen Kleinigkeiten aus, in jenem milden Scheine, der uns in den Tagen der Kindheit mit der Welt befreundete."

„So hätten", sagte Eduard, „Männer und Frauen auch in der Entwickelung des Geistigen, ungeachtet es doch in beiden dasselbe sein muß, ihre abgesonderte Weise, um sich durch gegenseitiges Erkennen auch hierin zu vereinigen. Ja es mag wol sein, und es spricht mich recht klar an, daß der Gegensatz des Unbewußten und des Besonnenen in uns Männern stärker hervortritt und sich während des Uebergangs in jenem unruhigen Streben, jenem leidenschaftlichen Kampf mit der Welt und sich selbst offenbart; dagegen in euerm ruhigen und anmuthigen Wesen die Stetigkeit beider und ihre innere Einheit ans Licht tritt, und heiliger Ernst und liebliches Spiel überall eins sind."

„Allein", entgegnete Leonhardt scherzhaft lächelnd, „so wären, wunderbar genug, wir Männer christlicher als die Frauen. Denn das Christenthum redet ja überall von einem Umkehren, einer Veränderung des Sinns, einem Neuen, wodurch das Alte soll ausgetrieben werden. Welches alles,

wenn die vorige Rede wahr ist, ihr Frauen, wenige Magda=
lenen abgerechnet, gar nicht nöthig hättet."

„Aber Christus selbst", erwiderte Karoline, „hat sich
doch nicht bekehrt. Ebendeshalb ist er auch immer der
Schutzherr der Frauen gewesen; und während ihr euch nur
über ihn gestritten habt, haben wir ihn geliebt und verehrt.
Oder was könntest du dagegen einwenden, wenn wir nun erst
den rechten Sinn hineinlegten in das abgebrauchte Sprich=
wort, daß wir immer Kinder bleiben; dagegen ihr erst um=
kehren müßt, um es wieder zu werden?"

„Und was uns so nahe liegt", fügte Ernst hinzu, „was
ist die Feier der Kindheit Jesu anders als die deutliche An=
erkennung der unmittelbaren Vereinigung des Göttlichen mit
dem Kindlichen, bei welcher es also keines Umkehrens weiter
bedarf. Auch hat schon Agnes dies vorher geäußert als die
allgemeine Ansicht aller Frauen, daß sie in ihren Kindern,
wie die Kirche es in Christo thut, schon von der Geburt an
das Göttliche voraussetzen und es aufsuchen."

„Ja eben dieses Fest", sagte Friederike, „ist der nächste
und beste Beweis, daß es sich mit uns wirklich so verhält,
wie Ernestine vorher beschrieben hat."

„Wie so?" fragte Leonhardt.

„Weil man hier", antwortete sie, „in kleinen, aber doch
weder unkenntlichen noch vergessenen Abschnitten der Natur
unserer Freude nachgehen kann, um zu sehen, ob sie mehrere
plötzliche Verwandlungen erfahren hat. Man bedürfte kaum,
uns auf das Gewissen zu fragen; denn die Sache spricht
selbst für sich. Es ist offenbar genug, daß überall Frauen
und Mädchen die Seele dieser kleinen Feste sind, am meisten
geschäftig dabei, aber auch am reinsten empfänglich und am
höchsten erfreut. Wenn sie nur euch überlassen wären, wür=
den sie bald untergehen; durch uns allein werden sie zu einer

ewigen Tradition. Könnten wir aber nicht die religiöse Freude auch für sich allein haben? Und würde dem nicht auch so sein, wenn wir sie erst späterhin als etwas Neues gefunden hätten? Aber bei uns hängt jetzt noch alles so zusammen wie in den frühern Jahren. Schon in der Kindheit legten wir diesen Geschenken eine besondere Bedeutung bei, sie waren uns mehr als das nämliche zu einer andern Zeit gegeben. Nur daß es damals eine dunkele geheimnißvolle Ahnung war, was seitdem allmählich klarer hervorgetreten ist, was uns aber immer noch am liebsten unter derselben Gestalt vor Augen tritt und das gewohnte Symbol nicht will fahren lassen. Ja bei der Genauigkeit, mit welcher uns die kleinen schönen Momente des Lebens in der Erinnerung bleiben, könnte man stufenweise dies Hervortreten des Höhern nachweisen."

„Wahrlich", sagte Leonhardt, „lebhaft und gut ausgeführt, wie ihr es könntet, müßte das eine schöne Reihe kleiner Gemälde geben, wenn ihr uns euere Weihnachtsfreuden mit ihren Merkwürdigkeiten beschreiben wolltet; und auch wer in den unmittelbaren Zweck nicht mit besonderer Theilnahme einginge, würde sich daran erfreuen."

„Wie artig er zu verstehen geben will, daß es ihn langweilen würde!" rief Karoline aus.

„Freilich", sagte Ernestine, „so wäre es zu kleinlich, auch für den, der sich noch frauendienerischer anstellen wollte, wie für den, der wirklich noch mehr Sinn für die Sache hätte. Aber wer einzeln etwas Merkwürdiges dieser Art zu erzählen weiß, in Bezug auf unsere Unterredung, der thue es, und schließe sich einem solchen Zuge aus meiner frühen Kindheit an, den ich euch erzählen will, wenn auch vielleicht einige schon darum wissen sollten."

Friederike stand auf und sagte: „Ihr wißt, ich pflege

nicht so zu erzählen; ich will aber etwas anderes thun, was euch Vergnügen macht, ich werde mich an das Instrument setzen und euere Erzählungen phantasiren. So höret ihr ja auch etwas von mir, und mit euerm feinern und höhern Ohre."

Ernestine begann. „Zu Hause waren dem fröhlichen Feste allerlei trübselige Umstände vorhergegangen, die sich nur kurz zuvor ziemlich glücklich aufgelöst hatten. Es war daher weniger und bei weitem nicht mit so viel Liebe und Fleiß als gewöhnlich für die Freude der Kinder gesorgt worden. Dies war eine günstige Veranlassung, um einen Wunsch zu befriedigen, den ich schon ein Jahr früher, aber vergeblich geäußert hatte. Damals nämlich wurden noch in den späten Abendstunden die sogenannten Christmetten gehalten und bis gegen Mitternacht unter abwechselnden Gesängen und Reden vor einer unsteten und nicht eben andächtigen Versammlung fortgesetzt. Nach einigen Bedenklichkeiten durfte ich, wohlbegleitet von dem Kammermädchen der Mutter, zur Kirche fahren. Ich weiß mich nicht leicht einer so gelinden Witterung um Weihnachten zu erinnern als damals. Der Himmel war klar, und doch der Abend fast lau. In der Gegend des fast schon verlöschenden Christmarktes trieben sich große Scharen von Knaben umher mit den letzten Pfeifen, Pipvögeln und Schnurren, die um einen wohlfeilen Preis losgeschlagen wurden, und liefen lärmend auf den Wegen zu den verschiedenen Kirchen hin und her. Erst ganz in der Nähe vernahm man die Orgel und wenige unordentlich begleitende Stimmen von Kindern und Alten. Ungeachtet eines ziemlichen Aufwandes von Lampen und Kerzen wollten doch die dunkeln altersgrauen Pfeiler und Wände nicht hell werden, und ich konnte nur mit Mühe einzelne Gestalten herausfinden, die jedoch nichts Erfreuliches darboten. Noch weniger konnte mir der Geistliche mit seiner quäkenden Stimme einige Theilnahme einflößen; ich wollte schon ganz unbefriedigt meine Begleiterin bitten zurückzukehren, und sah mich nur noch einmal überall um. Da erblickte ich in einem offenen Stuhl, unter einem schönen alten Monumente, eine Frau mit einem kleinen Kinde auf ihrem Schos. Sie schien des Predigers, des Gesanges und alles um sie her wenig zu achten, sondern nur in ihren eigenen Gedanken tief versenkt zu sein, und ihre Augen waren unverwandt auf das Kind gerichtet. Es zog mich unwiderstehlich zu ihr, und meine Begleiterin mußte mich hinführen. Hier hatte ich nun auf einmal das Heiligthum gefunden, das ich so lange vergeblich gesucht. Ich stand vor der edelsten Bildung, die ich je gesehen. Einfach gekleidet war die Frau, ihr vornehmer großer Anstand machte den offenen Stuhl zu einer verschlossenen Kapelle; niemand hielt sich in der Nähe, und dennoch schien sie auch mich nicht zu bemerken, da ich dicht vor ihr stand. Ihre Miene schien mir bald lächelnd, bald schwermüthig, ihr Athem bald freudig zitternd, bald frohe Seufzer schwer unterdrückend; aber das Bleibende von dem allen war freundliche Ruhe, liebende Andacht, und herrlich strahlte diese aus dem großen schwarzen niedergesenkten Auge, das mir die Wimpern ganz verdeckt hätten, wenn ich etwas größer gewesen wäre. So schien mir auch das Kind ungemein lieblich; es regte sich lebendig, aber still und schien mir in einem halb unbewußten Gespräch von Liebe und Sehnsucht mit der Mutter begriffen. Nun hatte ich lebendige Gestalten zu den schönen Bildern von Maria und dem Kinde, und ich vertiefte mich so in diese Phantasie, daß ich halb unwillkürlich das Gewand der Frau an mich zog und sie mit bewegter, sehr bittender Stimme fragte: Darf ich wol dem lieblichen Kinde etwas schenken? Und so leerte ich auch schon einige Händchen voll Näschereien, die ich zum Trost in aller etwaigen Noth mitgenommen, auf seine Bedeckungen aus. Die Frau sah mich einen Augenblick starr an, zog mich dann freundlich zu sich, küßte meine Stirn und sprach: O ja, liebe Kleine, heute gibt ja jedermann, und alles um eines Kindes willen. Ich küßte ihre um meinen Hals gelegte Hand und ein ausgestrecktes Händchen des Kleinen und wollte schnell gehen, da sagte sie: Warte, ich will dir auch etwas schenken; vielleicht daß ich dich einmal daran wiedererkenne. Sie suchte umher und zog aus ihren Haaren eine goldene Nadel mit einem grünen Stein, die sie an meinem Mantel befestigte. Ich küßte noch einmal ihr Gewand und verließ schnell die Kirche mit einem vollen, über alles seligen Gefühl. Es war Eduard's älteste Schwester, jene herrliche tragische Gestalt, die mehr als irgendjemand auf mein Leben und mein inneres Sein gewirkt hat. Sie wurde bald die Freundin und Führerin meiner Jugend, und wiewol ich nichts als Schmerzen mit ihr zu theilen gehabt, zähle ich doch meine Verbindung mit ihr zu den schönsten und wichtigsten Momenten meines Lebens. Auch Eduard stand damals als ein herangewachsener Knabe hinter ihr, aber ohne auch nur von mir bemerkt zu werden."

Friederike schien den Inhalt gekannt zu haben, so genau begleitete ihr Spiel die anmuthige Erzählung, und brachte jedes Einzelne gleich in Uebereinstimmung mit dem Totaleindruck des Ganzen. Als Ernestine geendet, bog jene nach einigen phantastischen Gängen in eine schöne Kirchenmelodie ein. Sophie, die sie errieth, lief hin, um ihre Stimme hinzuzufügen, und sie sangen zusammen die schönen Verse von Novalis:

>   Ich sehe dich in tausend Bildern,
>   Maria, lieblich ausgedrückt;
>   Doch keins von allen kann dich schildern,
>   Wie meine Seele dich erblickt.

Ich weiß nur, daß der Welt Getümmel
Seitdem mir wie ein Traum verweht,
Und ein unnennbar süßer Himmel
Mir ewig im Gemüthe steht.

„Mutter", sagte Sophie, als sie zurückkam, „jetzt schwebt mir alles recht lebendig vor, was du mir je von Tante Cornelie erzählt hast und von dem schönen Jüngling, den ich noch gesehen habe und der so heldenmüthig und so vergeblich für die Freiheit gestorben ist. Doch laß mich die Bilder herholen; wir kennen sie wol alle, aber ich meine, wir müssen sie gerade jetzt betrachten."

Die Mutter winkte zu, und das Kind holte zwei noch nicht gefaßte Gemälde von Ernestinens Pinsel. Beide stellten ihre Freundin vor und den Schmerzenssohn. Das eine, wie er zu ihr zurückkehrt aus der Schlacht, verwundet aber mit Ruhm bedeckt; das andere, wie er Abschied von ihr nimmt, um als eins der letzten Opfer der blutdürstigsten Zeit zu fallen.

Leonhardt unterbrach die schmerzlichen Erinnerungen, die sich nur in einzelnen wehmüthigen Worten Luft machten, indem er zu Agnes sagte: „Erzähle uns etwas anderes, Kind, und mache uns dadurch von beidem los, von dem stechenden Schmerz sowol, der gar nicht in unsere Freude gehört, als von dem Mariendienst, in den uns die Mädchen dort eingesungen haben."

„Nun wohl", antwortete Agnes, „so will ich etwas weniger Bedeutendes, vielleicht aber dafür recht Fröhliches erzählen. Ihr wißt, vor dem Jahr waren wir an diesem Fest alle zerstreut, und ich schon seit mehrern Wochen bei meinem Bruder, um Luisens erster Niederkunft hülfreich beizustehen. Der heilige Abend wurde auch dort nach unserer Sitte von versammelten Freunden und Freundinnen began=

gen; Luise war zwar vollkommen hergestellt, ich hatte mir aber doch nicht nehmen lassen alles zu ordnen, und zu meiner Freude herrschte auch unter allen ganz die reine Heiterkeit und die frisch aufgeregte Liebe, die sich an diesem allgemeinen Freudentage unter guten Menschen überall einstellt; und wie sie sich unter Geschenken und Freudensbezeigungen in das muntere Gewand des Scherzes und der freien spielenden Kindlichkeit kleidet, so war sie auch unter uns. Plötzlich erschien im Saal die Wärterin mit ihrem Kleinen, ging beschauend um die Tische herum und rief mehrere male hintereinander halb scherzhaft, halb weinerlich: Hat denn niemand dem Kinde was geschenkt? Haben sie denn das Kind ganz vergessen? Wir versammelten uns bald um das kleine niedliche Geschöpf, und im Scherz und Ernst entspannen sich allerlei Reden darüber, wie man ihm bei aller Liebe noch keine Freude machen könne, und wie recht es wäre, daß wir alles, was ihm eigentlich gehörte, der Mutter zugewendet hätten. Der Wärterin wurde nun alles gezeigt und auch dem Kleinen vorgehalten, Mützchen, Strümpfchen, Kleider, Löffelchen, Näpfchen; aber weder Glanz und Klang des edeln Metalls noch die blendende oder durchsichtige Weiße der Zeuge schien seine Sinne zu rühren. Ja so ist es, Kinder, sagte ich zu den andern; er ist noch ganz an seine Mutter gewiesen, und auch diese kann ihm heute noch nichts anderes als das gleiche tägliche Gefühl der Befriedigung erregen. Sein Bewußtsein ist noch mit dem ihrigen vereinigt, in ihr wohnt es und nur in ihr können wir es pflegen und erfreuen. — Aber wir sind doch alle recht beschränkt gewesen, fing ein liebenswürdiges Mädchen an, daß wir nur so auf den gegenwärtigen Augenblick gedacht haben. Steht denn nicht das ganze Leben des Kindes vor der Mutter? — Mit diesen Worten forderte sie mir meine Schlüssel ab; mehrere andere zerstreuten sich gleichfalls mit der Versicherung, bald wieder da zu sein; und Ferdinand redete ihnen zu, zu eilen, denn er habe auch noch etwas vor für den Kleinen. Ihr errathet wol nicht was? sagte er zu uns Zurückbleibenden. Ich will ihn gleich taufen, ich wüßte keinen schönern Augenblick dazu als diesen; besorgt das Nöthige, ich will auch wieder da sein, wenn unsere Freunde zurückkehren. So schnell als möglich kleideten wir das Kind in das Niedlichste, was unter den Geschenken vorhanden war, und wir hatten kaum geendet, als die Weggegangenen sich mit allerlei Gaben wieder einstellten. Scherz und Ernst war darin wunderlich gemischt, wie es bei jeder Vergegenwärtigung der Zukunft nicht anders sein kann. Zeuge zu Kleidungsstücken für seine Knabenjahre nicht nur, sondern gar für seinen Hochzeitstag; ein Zahnstocher und ein Uhrband mit dem Wunsche, daß man von ihm sagen möge, in besserm Sinne, was von Churchill: wenn er am Uhrband spielt, wenn er in den Zähnen stochert, kommt ein Gedicht heraus; zierliches Papier, worauf er den ersten Brief an ein geliebtes Mädchen schreiben sollte; Lehrbücher für die Anfangsgründe in allerlei Sprachen und Wissenschaften, auch eine Bibel, welche ihm eingehändigt werden sollte, wenn ihm der erste Unterricht im Christenthum würde ertheilt werden; ja sein Oheim, der gern Caricaturen macht, brachte sogar als das erste Erforderniß eines künftigen Zierboldes, wie er sich auf Campisch ausdrückte, eine Brille und ruhte nicht, sie mußte den großen hellen blauen Aeuglein vorgehalten werden. Viel wurde gelacht und gescherzt, aber Luise behauptete ganz ernsthaft, die Brille ausgenommen — denn er mußte ja wol ihre und Ferdinand's tüchtige Augen haben — sehe sie ihn doch nun ganz lebendig und mit bestimmter Gestalt und Zügen, gewiß echt prophetisch, in allen den Zeiten und

Verhältnissen vor sich, auf welche die Geschenke hindeuteten. Vergeblich neckte man sie damit, wie altfränkisch er sich wahrscheinlich ausnehmen würde, wenn er wirklich jedes Geschenk durch Gebrauch ehren wollte, und wie man besonders das Papier vor dem Gelbwerden hüten müsse. Endlich kamen wir überein, vor allen den Geber der Bibel zu loben, die er doch am sichersten würde gebrauchen können. Ich machte sie auf den Schmuck des Kleinen aufmerksam, aber niemand suchte etwas Besonderes darin, sondern nur dieses, daß er ihre Gaben auf recht würdige Weise in Empfang nehmen sollte. Alle waren daher nicht wenig verwundert, als Ferdinand in voller Amtskleidung hereintrat und zugleich der Tisch mit dem Wasser gebracht wurde. — Wundert euch nicht zu sehr, lieben Freunde, sagte er. Bei Agnesens Bemerkung vorher fiel mir sehr natürlich der Gedanke ein, den Knaben noch heute zu taufen. Ihr sollt sämmtlich Zeugen dabei sein und auch dadurch euch aufs neue als theilnehmende Freunde seines Lebens unterzeichnen. Ihr habt ihm Gaben dargebracht, fuhr er fort, nachdem er das Einzelne unter mancherlei fröhlichen Bemerkungen betrachtet hatte, die auf ein Leben hindeuten, wovon er noch nichts weiß, wie auch Christo Gaben dargebracht wurden, die auf eine Herrlichkeit hindeuteten, wovon das Kind noch nichts wußte. Laßt uns ihm nun auch das Schönste, Christum selbst, zueignen, wiewol es ihm jetzt noch keinen Genuß noch Freude gewähren kann. Nicht in der Mutter allein oder in mir wohnt jetzt noch für ihn die Kraft des höhern Lebens, das in ihm selbst noch nicht sein kann, sondern in uns allen, und aus uns allen muß es ihm dereinst zuströmen und er es in sich aufnehmen. — So versammelte er uns um sich, und fast unmittelbar aus dem Gespräch ging er zu der heiligen Handlung über. Mit einer leisen Anspielung auf die Worte:

Wer mag wehren, daß diese getauft werden? sprach er sich darüber aus, wie eben dies, daß ein christliches Kind von Liebe und Freude empfangen werde und immer umgeben bleibe, die Bürgschaft leiste, daß der Geist Gottes in ihm wohnen werde; wie das Geburtsfest der neuen Welt ein Tag der Liebe und Freude sein müsse, und wie beides vereinigt recht dazu auserlesen sei, ein Kind der Liebe auch zur höhern Geburt des göttlichen Lebens einzuweihen. Als wir nun alle dem Kinde die Hände auflegten nach der dortigen guten alten Sitte, so war es als ob die Strahlen der himmlischen Liebe und Freude sich auf dem Haupt und Herzen des Kindes als einem neuen Brennpunkt vereinigten, und es war gewiß das gemeinschaftliche Gefühl, daß sie dort ein neues Leben entzünden und so wiederum nach allen Seiten ausstrahlen würden."

„Also wieder das vorige", unterbrach Leonhardt, „nur gleichsam ein umgekehrtes, negatives Christkindlein, in welches der Heiligenschein einströmt, nicht aus."

„Ganz herrlich hast du das getroffen, lieber Leonhardt", antwortete Agnes, „ich konnte es so schön nicht sagen. Nur die Mutter, deren Liebe den ganzen Menschen im Kinde sieht, und diese Liebe ist es eben, die ihr den englischen Gruß zuruft, sieht auch den himmlischen Glanz schon ausströmen aus ihm, und nur auf ihrem prophetischen Angesicht bildet sich jener schöne Widerschein, den in unbewußtem kindlichen Sinn Sophie dargestellt hat. Und weshalb ich euch gerade diesen Abend wiedergegeben, das wirst du nun auch besser und schöner sagen als ich es kann, wenn du es auch überhaupt nur sagst. Denn ich weiß mit Worten nicht zu beschreiben, wie tief und innig ich damals fühlte, daß jede heitere Freude Religion ist, daß Liebe, Lust und Andacht Töne aus einer vollkommenen Harmonie sind, die auf jede Weise einander folgen und zusammenschlagen können. Und wenn du es recht schön machen willst, so nimm dir nur vor zu spötteln; dann kommt dir das Wahre gewiß wider deinen Willen wie vorher."

„Warum sollte ich?" antwortete Leonhardt. „Du hast ja selbst angegeben, wie du es ausgedrückt haben willst, nämlich nicht mit Worten, sondern in Musik. Aber Friederike hat nur selbst gehört, wie es scheint, und uns gar nichts zu hören gegeben, nicht einmal dein Symbol, wovon du jetzt so entzückt bist, den einfachen Hauptaccord; wie mag das zugehen?"

„Ja", sagte Friederike, „es ist leichter, eine Geschichte wie die vorige unmittelbar zu begleiten; zumal wenn man etwas davon weiß", fügte sie lächelnd hinzu. „Aber ich glaube überdies, meine Kunst geht weniger verloren an euch, wenn ich der Geschichte erst folge; und wenn du willst, soll sie dir jetzt gleich gespielt werden."

Sie phantasirte mit eingewebter Melodie einiger heitern klaren Kirchenmelodien, die aber wenig mehr gehört werden, und sang dann, um wieder mit ihrem Lieblingsdichter zu enden, nach einer derselben zerstreute Strophen des Liedes „Wo bleibst du, Trost der ganzen Welt", diejenigen natürlich, die dem weiblichen Sinn die verständlichsten sein mußten. Und wo eine Lücke blieb, wußte sie diese mit Harmonien auszufüllen, welche die innige Ruhe, die Lust ausdrückten, von der sie mit ergriffen war und die sie darstellen wollte.

„Nun aber", sagte Karoline, „wirst du dir auch einen Uebergang bahnen müssen zu den Tönen der Wehmuth, wenn ihr anders nicht mit der reinen Freude endigen, sondern auch von mir eine Zeichnung haben wollt in den Rahmen um dieses schöne Fest. Denn es ist mir so zu Muthe euch zu erzählen, wie ich das Fest im vorigen Jahre beging bei meiner theuern Charlotte. Freilich ist eigentlich nichts zu erzählen dabei, es ist nur ein Beitrag zu der Art, wie ihr Charlotten kennt aus andern Erzählungen und aus ihren Briefen, und ihr müßt euch an alles erinnern, was ihr schon von ihr wißt. Dort ist unter den Erwachsenen die witzige Gewohnheit, sich unerkannt zu beschenken. Durch die größten Umwege und auf die sonderbarste Art läßt jeder dem andern seine Gabe zukommen, womöglich sie selbst noch unter etwas minder Bedeutendes verhüllend, sodaß der Empfänger sich bisweilen schon gefreut oder gewundert und doch das Rechte noch nicht gefunden hat. Vielerlei muß also hier ersonnen werden, und das glücklich Ausgedachte ist oft nicht ohne vielfältige und lange Vorbereitungen ins Werk zu richten. Charlotte hatte aber schon seit mehrern Wochen das Leiden einer unerklärlichen und nur um desto ängstlichern Krankheit ihres Lieblings, ihres jüngsten Kindes, zu tragen. Der Arzt konnte lange Zeit so wenig Hoffnung geben als nehmen; aber Schmerz und Unruhe raubten je länger je mehr dem kleinen Engel die Kräfte, und so war nichts anderes als seine Auflösung zu erwarten. Unter Freunden und Freundinnen wurden alle Zurüstungen, die Mutter durch sinnreiche Einfälle oder muthwilligen Scherz zu überraschen, mit innigem Bedauern, unterbrochen; ja niemand wollte es wagen, auch nur durch eine einfache Gabe ihre Aufmerksamkeit von dem Gegenstande ihrer Liebe und ihres Schmerzes ablenken zu wollen; man verschob alles auf eine günstigere Zeit. Fast unaufhörlich trug sie das Kind auf ihren Armen umher; keine Nacht legte sie sich ordentlich nieder; nur am Tage zu Zeiten, wenn das Kind ruhiger schien, und wenn sie es mir oder einer andern zuverlässigen Freundin übergeben konnte, vergönnte sie sich eine sparsame Ruhe.

Indeß versäumte sie nicht die Angelegenheiten des Festes, so sehr wir sie oft baten, sich nicht durch den Contrast ihrer Sorgen noch mehr zu erschöpfen. Selbst etwas zu arbeiten war ihr freilich unmöglich, aber sie sann und ordnete an; und oft überraschte mich aus ihrem tiefsten Schmerz heraus bald eine Frage, ob dies oder jenes besorgt sei, bald ein neuer Gedanke zu einer kleinen Freude. Lustigkeit oder Muthwillen war freilich eigentlich in keinem, allein das ist auch überhaupt nicht ihre Art. Nirgends aber wurde das Sinnige und Bedeutsame vermißt, die ruhige Anmuth, die alle ihre Handlungen bezeichnet. Ich weiß noch, als ich ihr einmal fast misbilligend meine Bewunderung äußerte, daß sie mir sagte: Gutes Kind, es gibt keinen schönern und auch keinen schicklichern Rahmen um einen großen Schmerz als eine Kette von kleinen Freuden, die man andern bereitet. So ist dann alles in der Fassung, in der es zeitlebens bleiben kann: und warum sollte man nicht gleich in dieser sein wollen? In allem was die Zeit verwischt, und das thut sie doch allem Heftigen und Einseitigen, ist auch etwas Unreines. — Wenige Tage vor Weihnachten konnte man ihr einen innern Kampf anmerken. Sie fast allein hatte sich immer noch nicht von dem hoffnungslosen Zustande des Kindes überzeugt. Jetzt hatte sein Aussehen und seine Schwäche sie besonders ergriffen. Das Bild des Todes stand auf einmal ganz bestimmt vor ihr. Tief in sich gekehrt ging sie wol eine Stunde mit allen Zeichen der innersten Bewegung, das Kind in dem Arme, auf und nieder. Dann sah sie es eine Weile mit einem wehmüthig erheiterten Gesicht wie zum letzten mal an, beugte sich zu einem langen Kuß auf seine Stirn nieder, reichte mir dann gestärkt und muthig die Hand und sagte: Nun habe ich es überstanden, liebe Freundin. Ich habe den kleinen Engel dem Himmel wiedergegeben, von dem er ge=

kommen ist; ich sehe nun ruhig seiner Auflösung entgegen, ruhig und gewiß, ja ich kann wünschen ihn bald verscheiden zu sehen, damit die Zeichen des Schmerzes und der Zerstörung mir das Engelsbild nicht trüben, das sich tief und für immer meinem Gemüthe eingeprägt hat. — Am Morgen des Festabends versammelte sie die Kinder um sich und fragte sie, ob sie heute ihr Fest feiern wollten, es wäre alles bereitet und hinge ganz von ihnen ab; oder ob sie warten wollten, bis Eduard begraben und die erste Stille und der erste Schmerz vorüber wäre. Sie äußerten einmüthig, daß sie sich doch an nichts freuen könnten; aber der kleine Bruder lebe ja noch und könne auch wol nicht sterben. Nachmittag übergab mir Charlotte das Kind und legte sich zur Ruhe, und indem sie einen langen erquickenden Schlaf schlief, aus dem ich mir vorgenommen hatte sie nicht zu wecken, was auch geschehen möchte, entstand in dem fast schon sterbenden Körper unter heftigen Krämpfen, die ich für die letzten hielt, eine Krisis, die dem herbeigeholten Arzte zugleich das Uebel und die Heilung verrieth. Nach einer Stunde befand sich das Kind auffallend besser, und man sah deutlich, daß es auf dem Wege der Genesung sei. Eilig schmückten die Kinder das Zimmer und das Lager des Kleinen festlich aus. Die Mutter trat herein und glaubte, wir wollten ihr nur den Anblick der Leiche verschönern. Das erste Lächeln des Kindes schimmerte ihr entgegen, als sie auf sein Lager blickte; wie eine schon halb erstorbene Knospe, die sich nach einem wohlthätigen Regen wieder hebt und sich aufschließen will, so schien es ihr unter den Blumen hervor. — Wenn es keine trügerische Hoffnung ist, sagte sie, uns alle umarmend, nachdem sie den Hergang vernommen hatte, so ist es eine andere Wiedergeburt, als die ich erwartet hatte. Ich hatte gehofft und gebetet, fuhr sie fort, daß das Kind sich in diesen festlichen Tagen aus dem irdischen Leben erheben möchte. Es rührte mich wehmüthig und versüßend, einen Engel zum Himmel zu senden zu der Zeit, wo wir die Sendung des größten auf die Erde feiern. Nun kommen mir beide zugleich unmittelbar von Gott geschenkt. Am Feste der Wiedergeburt der Welt wird mir der Liebling meines Herzens zu einem neuen Leben geboren. Ja er lebt, es ist kein Zweifel daran, sagte sie, indem sie sich zu ihm überbog und doch kaum wagte ihn zu berühren und seiner Hand ihre Lippe aufzudrücken. Bleibe er auch so ein Engel, sagte sie nach einer Weile, geläutert durch die Schmerzen, wie durch den Tod hindurchgedrungen und zu einem höhern Leben geheiligt. Er ist mir ein vorzügliches Gnadengeschenk, ein himmlisches Kind, weil ich ihn schon dem Himmel geweiht hatte."

Karoline mußte noch manches genauer erzählen von dieser Geschichte sowol, als von der herrlichen seltenen Frau, der sie mit einer besonders frommen Verehrung zugethan ist. Leonhardt hörte mit einem ganz eigenen Interesse zu und wurde fast verdrießlich, als Ernst ihn fragte: „Aber findest du nicht auch hier wieder das Vorige? gleichsam eine umgekehrte Maria, die mit dem tiefsten Mutterleiden, mit dem Stabatmater anfängt und mit der Freude an dem göttlichen Kinde endigt?"

„Oder auch nicht umgekehrt", sagte Ernestine. „Denn Mariens Schmerz mußte doch verschwinden in dem Gefühl der göttlichen Größe und Herrlichkeit ihres Sohnes; sowie ihr auf der andern Seite von Anbeginn an bei ihrem Glauben und ihren Hoffnungen alles, was ihm äußerlich begegnete, nur als Leiden, als Entäußerung erscheinen konnte."

Hier wurde das weitere Gespräch unterbrochen durch eine lustige Streifpartie von einigen Bekannten, die theils selbst keinem bestimmten Kreise angehörten, theils in unstetem Sinne ihre eigene Freude schneller erschöpft hatten und nun umherzogen, um hie und da zu schauen, wie man sich erfreut und beschenkt habe. Um willkommenere Zuschauer zu sein und auch überall einen freundlichen Cicerone zu finden, kündigten sie sich als Weihnachtsknechte an und theilten die auserlesensten Kleinigkeiten für den Gaumen unter Kinder und Mädchen aus. Sophie wurde schon mit dem gewöhnlichen Ceremoniell, erst nach der Artigkeit der Kinder zu fragen, verschont und gab sich dafür den Ankömmlingen sehr flink und gefällig her. Sie erneuerte schnell die Erleuchtung und war eine ebenso beredte Castellanin als neugierige Fragerin nach allem, was jene schon anderwärts gesehen hätten. Indeß wurde eine flüchtige Mahlzeit herumgereicht, die Hinzugekommenen eilten weiter und wollten sich durch einige von der Gesellschaft verstärken. Dies aber ließ Eduard nicht zu; sie müßten, sagte er, noch lange beieinander bleiben, und überdies werde Joseph noch ganz sicher erwartet, der auch das Versprechen erhalten hatte, er solle sie noch alle finden.

Als nun jene sich wieder entfernt hatten, sagte Ernst: „Gut, wenn es denn beschlossen ist, daß wir noch die Nacht hier erwarten wollen im Gespräch und bei den Gläsern, so meine ich, wir sind den Frauen eine Erwiderung schuldig, damit sie auch um so williger bei uns bleiben. Zwar das Erzählen ist nicht die Gabe der Männer, und ich wüßte am wenigsten wie ich mir selbst so etwas anmuthen sollte. Aber was meint ihr, Freunde, wenn wir nach englischer Weise, um nicht zu sagen nach griechischer, und die uns doch auch nicht ganz fremd ist, einen Gegenstand wählten, über welchen jedem obläge etwas zu sagen. Und zwar einen solchen und so, daß wir dabei die Gegenwart der Frauen in keinem

Sinne vergessen, sondern es für das Schönste achten, von ihnen verstanden und gelobt zu werden."

Dem stimmten alle bei, und die Frauen freuten sich, weil sie dergleichen lange nicht gehört hatten.

„Wohl", sprach Leonhardt, „wenn ihr mit solcher Theilnahme in den Vorschlag eingeht, so solltet ihr auch aufgeben, worüber wir zu reden haben, damit nicht unsere Ungeschicktheit etwas allzu Fernes oder Gleichgültiges ergreife."

„Wenn die andern derselben Meinung sind", sagte Friederike, „so wünsche ich nur, es dir nicht allzu sehr zum Verdruß zu thun, wenn ich das Fest selbst in Vorschlag bringe, welches uns hier versammelt hält. Hat es doch so viele Seiten, daß jeder es verherrlichen kann, wie er am liebsten will."

Niemand setzte sich dagegen, und Ernestine bemerkte, jedes andere würde doch fremd sein und gleichsam den Abend zerstören.

„Wohlan denn", sagte Leonhardt, „nach unserer Gewohnheit werde ich als der Jüngste mich nicht weigern dürfen, auch der Erste zu sein. Und ich bin es um so lieber, theils weil die unvollkommene Rede so am leichtesten von einer bessern verweht wird, theils weil ich so am sichersten die Freude genieße, einem andern den ersten Gedanken vorwegzunehmen. Zumal", setzte er lächelnd hinzu, „euere Anordnung die Anzahl der Mitredenden auf eine unsichtbare Weise verdoppelt. Denn ihr werdet morgen die Kirchen schwerlich versäumen, und es würde doch mehr uns zum Verdruß gereichen als jenen Männern zur Freude, euch aber vielleicht am meisten zur Langeweile, wenn ihr dort wieder das Nämliche zu hören hättet. Darum will ich mich auch von dieser Bahn so weit als möglich entfernen und meine Rede so anheben.

„Verherrlichen und preisen kann man jedes auf eine zwiefache Weise: einmal indem man es lobt, ich meine seine Art und innere Natur als gut anerkennt und darstellt; dann aber wiederum indem man es rühmt, das heißt seine Trefflichkeit und Vollkommenheit in seiner Art heraushebt. Das erste nun möge dahingestellt oder andern überlassen bleiben, das Fest als solches überhaupt zu loben, inwiefern es gut sei, daß durch gewisse zu bestimmten Zeiten wiederkehrende Handlungen und Gebräuche das Andenken großer Begebenheiten gesichert und erhalten werde. Sollen aber Feste sein, und ist der erste Ursprung des Christenthums für etwas Großes und Wichtiges zu achten: so kann niemand leugnen, daß dieses Fest der Weihnacht ein bewundernswürdiges Fest ist; so vollkommen erreicht es seinen Zweck und unter so schwierigen Bedingungen. Denn wenn man sagen wollte, das Andenken an die Geburt des Erlösers werde weit mehr durch die Schrift erhalten und durch den Unterricht im Christenthum überhaupt als durch das Fest: so möchte ich dieses leugnen. Nämlich wir Gebildetern zwar, so meine ich, hätten vielleicht an jenem genug, keineswegs aber der große Haufen des ungebildeten Volks. Vielmehr nicht zu gedenken der römischen Kirche, wo ihnen die Schrift wenig oder gar nicht in die Hand gegeben wird, sondern nur auf die Unsrigen Rücksicht genommen, so ist ja offenbar, wie wenig auch diese geneigt sind die Bibel zu lesen, oder auch fähig sie im Zusammenhang zu verstehen. Und was davon ihrem Gedächtniß eingeprägt wird beim Unterricht, das sind weit mehr die Beweise einzelner Sätze als die Geschichte; sowie wiederum aus der Geschichte auf diesem Wege weit mehr der Tod des Erlösers würde ins Andenken gebracht werden und aus seinem Leben das, was im einzelnen nachahmungsfähig und lehrhaft ist, als sein erster Eintritt in die Welt. Ja auch in Beziehung auf das Leben des Erlösers möchte ich behaupten, daß die Leichtigkeit, mit welcher wir an die von ihm verrichteten Wunder glauben, ihren Grund ganz vorzüglich hat in unserm Feste und den Eindrücken, die es hervorbringt. Denn daß der Glaube an das Wunderbare viel mehr auf solche Weise entsteht als durch Zeugniß oder Lehre, ist offenbar. Oder woher kommt es, daß der gemeine katholische Christ so viel an das Abgeschmackte grenzendes Wunderbare glaubt von seinen Heiligen, aber sich doch nicht entschließen würde Aehnliches zu glauben, wie ähnlich man es ihm auch darstellen möchte, von Personen aus einem fremden religiösen oder geschichtlichen Kreise, zumal doch auch die Wunder jener Heiligen mit den Wahrheiten und Anweisungen des christlichen Glaubens gar nicht zusammenhängen? Er glaubt das alles eben den Festen, die den Heiligen zu Ehren begangen werden; denn indem durch diese, was in der bloßen Erzählung gar keine überredende Kraft ausüben würde, in Verbindung tritt mit einer sinnlich kräftigen Gegenwart, bekommt es eine Haltung und befestigt sich immer wieder aufs neue im Gemüth. Wie denn auch im Alterthum gar vielerlei Wunderbares aus grauer Vorzeit sich vorzüglich auf diese Weise erhalten hat und geglaubt worden ist durch Feste, auch solches, wovon Geschichtschreiber und Dichter wenig oder nichts sagen. Ja so viel kräftiger ist die Handlung zu diesem Zweck als das Wort, daß nicht selten um festlicher Handlungen und Gebräuche willen, wenn ihre wahre Bedeutung verloren gegangen war, falsche Geschichten sind nicht nur erdichtet, sondern auch geglaubt worden. Ebenso auch umgekehrt, wie wir ja solche Beispiele in der christlichen Kirche selbst haben, wenn man Fabeln ersonnen hat, um das Wunderbare noch mehr zu häufen, so sind diese erst recht geglaubt worden, wenn man ihnen Feste, wie Mariä

Himmelfahrt ein solches ist, geweiht hat. Wenn sich also das Volk so viel mehr an Handlungen und Gebräuche hält als an Erzählung und Lehre: so haben wir alle Ursache zu glauben, daß zumal unter uns — denn in der katholischen Kirche kommt dem noch alles, was sich auf die Maria bezieht, weil sie ja immer Jungfrau begrüßt wird, zu Hülfe — der Glaube an das Wunderbare bei der Erscheinung des Erlösers ganz vorzüglich an unserm Feste und seinen lieblichen Gebräuchen haftet. Dieses also, und alles was daran hängt, ist das Verdienst, um deswillen ich zuerst unser Fest rühme und preise. Was ich aber ferner gesagt, diese Erinnerung sei besonders schwierig zu erhalten gewesen und deshalb das Verdienst noch um so größer, das meine ich so. Je mehr man überhaupt von einem Gegenstande weiß, um desto bestimmter und bedeutsamer läßt er sich auch darstellen, und je nothwendiger er mit dem Gegenwärtigen zusammenhängt, um desto leichter wird jede Veranstaltung, welche an ihn erinnern soll. Dieses aber fehlt, wie mir scheint, gar sehr bei allem, was zur ersten Erscheinung Christi gehört. Denn das Christenthum will ich allerdings als eine starke und kräftige Gegenwart gelten lassen; aber die irdische persönliche Thätigkeit Christi scheint mir weit weniger damit zusammenzuhängen, als von den meisten mehr angenommen als geglaubt wird. Was nämlich die auf ihm beruhende Versöhnung unsers Geschlechts betrifft, diese knüpfen wir ja alle erst an seinen Tod; und wenn es gleich hierbei, wie ich denke, mehr auf einen ewigen Rathschluß Gottes ankommt als auf eine bestimmte einzelne Thatsache, und wir deshalb diese Ideen lieber nicht an einen bestimmten Moment knüpfen, sondern sie über die zeitliche Geschichte des Erlösers hinausheben und symbolisch halten sollten: so ist doch natürlich, daß sich diese Idee des Andenkens sowol des Todes Christi, welcher das Zeichen der vollbrachten Versöhnung war, als auch seiner Auferstehung, als Bewährung desselben, auf ewig unter den Gläubigen befestigen mußte. Die letztere war auch deshalb der Hauptgegenstand der ersten Verkündigung und der Grund, auf den die Kirche gebaut wurde, sodaß es vielleicht nicht nöthig gewesen wäre, ihr Andenken auch durch die sonntägliche Feier beständig zu wiederholen. Betrachten wir aber, abgesehen von der Idee der Versöhnung, die menschliche Thätigkeit Christi, deren Gehalt doch nur zu suchen ist in der Verkündigung seiner Lehre und in der Stiftung der christlichen Gemeinschaft: so ist es wunderbar, wie klein der Antheil ist, den man ihm mit Recht zuschreiben kann an der gegenwärtigen Gestalt des Christenthums. Bedenkt nur, wie wenig von der Lehre sowol als den Einrichtungen man auf ihn selbst zurückführen kann, sondern bei weitem das meiste ist andern und spätern Ursprungs. So sehr, daß wenn man sich als Glieder einer Reihe denkt Johannes den Vorläufer, Christus, die Apostel mit Einschluß des Spätlings, dann die ersten Väter, man gestehen muß, das zweite stehe nicht in der Mitte zwischen dem ersten und dritten, sondern Christus jenem Johannes weit näher als dem Paulus. Ja es bleibt zweideutig, ob überall nach Christi Willen eine so in sich abgeschlossene und zusammenhaltende Kirche sich bilden sollte, ohne welche unser jetziges Christenthum und mithin auch unser Fest, der Gegenstand meiner Rede, sich gar nicht denken läßt. Darum nun wurde auch das Leben Christi sehr zurückgestellt in der Verkündigung, und, wie ja die meisten jetzt glauben, nur theilweise von untergeordneten Personen. Ja wenn man das eifrige Bestreben dieser Erzählungen bemerkt, Christum an das alte Königshaus des jüdischen Volks anzuknüpfen, was doch, ob es sich so verhält oder nicht, ganz unbedeutend ist für den Stifter einer Weltreligion: so muß man gestehen, es wurde auch nur auf untergeordnete Weise erzählt. Christi übernatürliche Geburt aber scheint noch weniger durch Erzählungen allgemein verbreitet worden zu sein; sonst könnte es nicht zeitig so viele Christen gegeben haben, die ihn für einen natürlich erzeugten Menschen hielten: sodaß die Wahrheit nur scheint durch unser Fest aus dem Schutt hervorgegangen und wieder herrschend geworden zu sein. Denn die Erzählung für sich würde im Streit der verschiedenen Meinungen nicht ausgereicht haben, indem die Erzähler, wenn sie auf diese Verschiedenheit keine Rücksicht nahmen, auch nichts ausrichten konnten, wenn aber, dann gewissermaßen selbst wieder aus Zeugen und Berichterstattern in Parteien verwandelt wurden. Denn diese Verschiedenheit ist so groß, daß, wie man es nennen will, jede Nachricht oder jede Behauptung die andere aufhebt. Oder kann jemand die Auferstehung behaupten, ohne daß er jedem freistellen muß, den Tod für ungeschehen zu erklären? welches ja nichts anders heißen kann, als daß die spätere Thatsache die Meinung für falsch erklärt, welche man von der frühern gefaßt hatte. Ebenso macht wiederum die Himmelfahrt Christi gewissermaßen die Wahrheit seines Lebens verdächtig. Denn das Leben gehört dem Planeten an, und was sich von demselben trennen läßt, kann gar nicht in einem lebendigen Zusammenhang mit ihm gestanden haben. Ebenso wenig bleibt übrig, wenn man die Meinung derer, die Christo einen wahren Leib, oder derer, die ihm eine wahre menschliche Seele absprechen, mit der Meinung derjenigen zusammenstellt, welche ihm gegentheils die wahre Gottheit oder überhaupt das Uebermenschliche nicht beilegen wollen. Ja wenn man bedenkt, daß darüber gestritten wird, ob er noch jetzt nur auf eine geistige und göttliche, oder außerdem auch auf eine leibliche und sinnliche Weise gegenwärtig sei auf Erden: so

kann man leicht beide Parteien darauf führen, ihr gemein=
schaftlicher verborgener Sinn sei der, daß Christus ehedem
nicht auf eine andere und eigentlichere Art zugegen gewesen
sei und gelebt habe auf Erden und unter den Seinigen, als
auch jetzt noch. Kurz, das Erfahrungsmäßige und Geschicht=
liche von dem persönlichen Dasein Christi ist durch die Ver=
schiedenheit der Meinungen und Lehren so schwankend gewor=
den, daß wenn unser Fest vorzüglich als der Grund des
gleichmäßig erhaltenen Glaubens anzusehen ist, es dadurch
um so mehr verherrlicht wird und eine Kraft beweist, die nahe
an das oben Erwähnte grenzt, daß nämlich durch solche Ge=
bräuche bisweilen die Geschichte selbst erst gemacht worden.
Was aber dabei am meisten zu bewundern ist und uns zum
Vorbilde zugleich und zur Beschämung für vieles andere
dienen kann, ist dieses, daß offenbar das Fest selbst seine
Geltung größtentheils dem Umstande verdankt, daß es in
die Häuser eingeführt worden und unter die Kinder. Dort
nämlich sollten wir mehreres befestigen, was uns werth und
heilig ist, und als Vorwurf und übles Zeichen ansehen, daß
wir es nicht thun. Dieses also wenigstens wollen wir fest=
halten, wie es uns überliefert worden ist; und je weniger
wir wissen, worin die wunderbare Kraft liegt, um desto
weniger auch nur das mindeste daran ändern. Mir wenigstens
ist auch das Kleinste davon bedeutungsvoll. Denn wie ein
Kind der Hauptgegenstand desselben ist, so sind es auch hier die
Kinder vornehmlich, welche das Fest, und durch das Fest wie=
derum das Christenthum selbst heben und tragen. Und wie
die Nacht die historische Wiege des Christenthums ist, so
wird auch das Geburtsfest desselben in der Nacht begangen,
und die Kerzen, mit denen es prangt, sind gleichsam der
Stern über der Herberge und der Heiligenschein, ohne wel=
chen man das Kind nicht finden würde in der Dunkelheit

des Stalles und in der sonst unbesternten Nacht der Geschichte. Und wie es dunkel ist und zweifelhaft, was wir bekommen haben an Christi Person und von wem; so ist auch jene Sitte, die ich aus der letztern Erzählung kennen lernte, die schönste und am meisten symbolische Art der Weihnachtsgeschenke. Dies ist meine ehrliche Meinung, auf welche ich euch jetzt auffordere die Gläser ertönen zu lassen und sie auf ein ewiges Fortbestehen unsers Festes zu leeren; wofür ich euers Beifalls so gewiß bin, daß ich hoffe dadurch alles gut zu machen und abzuwaschen, was euch etwa frevelhaft erschienen ist in meiner Rede."

„Nun begreife ich", sagte Friederike, „warum er sich so wenig zur Wehre gesetzt hat gegen unsere Aufgabe, der ungläubige Schalk, da er im Sinne hatte so ganz gegen ihren eigentlichen Sinn zu reden. Ich möchte darauf bringen, daß er in namhafte Strafe genommen würde, zumal gerade ich die Aufgabe ausgesprochen habe, und man wol sagen kann, er habe mich lächerlich gemacht durch seine Art der Ausführung."

„Du hast wol recht", sagte Eduard, „aber es möchte schwer sein, ihm beizukommen, denn er hat sich recht sachwalterisch vorgesehen durch seine Erklärung und durch die Art, wie er das Herabsetzende zusammengeflochten mit der Absicht des Erhebens, die er doch an die Spitze stellen mußte."

„Sich sachwalterisch vorsehen", sagte Leonhardt, „ist wol nichts Uebles; und warum soll ich nicht jede Gelegenheit wahrnehmen, mich in den erlaubten und anständigen Theilen meiner Kunst zu üben? Ueberdies durfte ich doch den Frauen nicht widersprechen, und sie konnten sich nichts Besseres oder anderes versehen zu der Denkungsart, die ich offen genug bekenne. Allein sachwalterisch verfahren habe ich übrigens gar nicht, da ich ja nicht einmal die kleinste Gunstbewerbung an die Richterinnen angebracht in der Rede."

„Auch das Zeugniß muß man dir geben", sagte Ernst, „daß du uns vieles erlassen, was noch wäre anzuführen gewesen, es sei nun daß es dir nicht bei der Hand gewesen, oder daß du es unterlassen, um die Zeit zu schonen und um nicht zu gelehrt und unverständlich vor den Frauen zu reden."

„Ich meinestheils", sagte Ernestine, „wollte ihn auch schon loben, wie redlich er darin Wort gehalten, was er versprach, sich möglichst von dem entfernt zu halten, was wir vielleicht morgen an den öffentlichen Andachtsorten hören könnten."

„Wohlan denn", sagte Karoline, „wenn es nicht möglich ist, ihn geradezu vor Gericht zu ziehen, so wird es darauf ankommen, ihn zu widerlegen. Und wo ich nicht irre, steht es an dir, Ernst, zu reden und die Ehre unserer Aufgabe zu retten."

„Ich gedenke", sagte Ernst, „das letzte zu thun ohne das erste, und vermöchte auch meinestheils nicht beides miteinander zu verbinden. Sondern die Widerlegung würde mich abziehen zu andern Gegenständen, und ich könnte dann selbst straffällig werden. Auch ist dem an freies zusammenhangendes Reden Ungewöhnten nichts schwerer, als dabei der Gedankenreihe eines andern zu folgen."

„Was ich sagen will", hub er nun seine Rede an, „davon wußte ich nicht zu unterscheiden ehe du sprachst, Leonhardt, ob es ein Loben sei, oder ein Rühmen. Jetzt aber weiß ich, daß es nach deiner Weise ein Rühmen ist. Denn auch ich will das Fest preisen als ein vortreffliches in seiner Art. Das Loben aber, daß die Art und der Begriff selbst auch etwas Gutes sei, will ich nicht, wie du es thatest, dahingestellt sein lassen, sondern vielmehr es voraussetzen. Nur daß deine Erklärung eines Festes mir nicht genügt, wie sie denn überhaupt nur für dein Bedürfniß eingerichtet einseitig war; meines aber ist ein anderes, und ich bedarf der andern Seite. Du nämlich sahst nur darauf, daß jedes Fest ein Gedächtniß ist von irgendetwas; mir aber liegt daran, von was. Demnach sage ich, daß nur zu dessen Gedächtniß ein Fest gestiftet wird, durch dessen Vorstellung eine gewisse Gemüthsstimmung und Gesinnung in den Menschen kann aufgeregt werden; und daß dieses in dem ganzen Gebiet einer solchen Anordnung und in einem lebhaften Grade erfolge, darin besteht eines jeden Festes Vortrefflichkeit. Die Stimmung aber, welche unser Fest hervorbringen soll, ist die Freude; und daß es diese weit verbreitet und lebhaft erregt, liegt so klar vor Augen, daß nichts darüber zu sagen wäre, als was jeder selbst sieht. Nur dies eine ist die Schwierigkeit, welche ich zu beseitigen habe, daß man sagen könnte, es sei keineswegs das Eigentliche und Wesentliche des Festes, was diese Wirkung thut, sondern nur das Zufällige, nämlich die Geschenke, welche gegeben und genommen werden. Wie unrichtig nun dieses ist, muß hier doch gezeigt werden. Denn gebt den Kindern dasselbige zu einer andern Zeit, so werdet ihr nicht den Schatten einer Weihnachtsfreude damit hervorlocken, bis ihr etwa auf den entgegengesetzten Punkt kommt, nämlich den, wo ihr besonderes persönliches Fest gefeiert wird. Mit Recht, glaube ich, nenne ich dies einen entgegengesetzten Punkt, und gewiß wird niemand leugnen, daß die Geburtstagsfreude einen ganz andern Charakter hat als die Weihnachtsfreude: jene ganz die Innigkeit, die das Beschlossensein in einem bestimmten Verhältniß erzeugt; diese ganz das Feuer und die rasche Beweglichkeit eines weitverbreiteten allgemeinen Gefühls. Hieraus geht nun hervor, daß keineswegs die Geschenke an sich selbst das Erfreuende sind, sondern, nur weil schon ein Grund da ist sich zu freuen, wird auch geschenkt, und so verbreitet sich das Eigenthümliche der Weihnachtsfreude, welches eben in dieser großen Allgemeinheit besteht, freilich auch auf die Geschenke, sodaß in einem großen Theil der Christenheit, soweit die schöne alte Sitte noch reicht, jeder mit dem Zubereiten eines Geschenks beschäftigt ist; und in diesem Bewußtsein liegt ein großer Theil des Zaubers, welcher sich aller bemächtigt. Denkt euch, daß eine einzelne Familie diesen Gebrauch festhielte, während alle andern an demselben Orte ihn schon hätten fahren lassen: so würde der Eindruck bei weitem nicht mehr derselbe sein. Aber das gemeinsame Bereden vieler, das Arbeiten in die Wette auf die bestimmte festliche Stunde, und draußen der allen offene und für eine große Menge berechnete Christmarkt, der sich in jedem Geschenk abspiegelt mit seiner Erleuchtung, die wie schimmernde Sternchen auf der Erde umherglänzt in der Winternacht, daß der Himmel davon widerscheint: das gibt den Gaben ihren eigenthümlichen Werth. Und was so allgemein ist, kann schon um deswillen nicht willkürlich ersonnen oder verabredet worden sein, sondern es muß einen gemeinschaftlichen innern Grund haben; sonst könnte es weder so gleichmäßige Wirkung thun, noch auch überhaupt fortbestehen, wie wir ja an vielen neuern Versuchen zur Genüge gesehen haben. Dieser innere Grund aber kann kein anderer sein, als daß die Erscheinung des Erlösers die Quelle aller andern Freude in der christlichen Welt ist, weshalb nichts anderes verdienen kann ebenso gefeiert zu werden. Denn einige freilich, an welche ich nicht erinnern kann ohne sie zugleich deshalb anzuklagen, haben die allgemeine Freude von diesem Fest weg-

verlegt auf Neujahr, auf den Tag, an welchem vorzugsweise
der Wechsel und Gegensatz in der Zeit vorgestellt wird.
Denn wenn auch viele hierin nur unverständigerweise gefolgt
sind, und es ungerecht wäre zu behaupten, daß überall wo
man sich zum Neujahr beschenkt statt Weihnachten, wenig
Antheil genommen werde an dem eigentlich Christlichen in
unserm Leben: so hängt doch diese abweichende Sitte offenbar
genug mit einer solchen Zurücksetzung zusammen, und es
geziemt vorzüglich denen, welche der innern Haltung er-
mangelnd nur in diesem Wechsel leben, sich auch den Tag
zum besondern Freudentage zu machen, welcher der Erneue-
rung des Vergänglichen geweiht ist. Für uns andere aber,
die wir dem Wechsel der Zeit zwar auch unterworfen sind,
aber nicht in dem Vergänglichen zu leben begehren, bleibt
die Geburt des Erlösers das einzige allgemeine Freudenfest,
weil es nämlich für uns kein anderes Princip der Freude
gibt als die Erlösung, in der Entwickelung von dieser wiederum die Geburt des göttlichen Kindes der erste helle Punkt
ist, nach welchem wir keines andern warten und unsere Freude
noch länger verschieben können. Daher hat auch kein besonderes Fest mit diesem allgemeinen eine solche Aehnlichkeit
als das der Kindertaufe, durch welche den Kleinen das Princip
der Freude in dem göttlichen Kinde angeeignet wird. Und
daher der besondere Reiz jener anmuthigen Erzählung, in
welcher uns beides vereinigt erschien. Ja, Leonhardt, wir mögen
uns anstellen, wie wir immer wollen, hier ist kein Entrinnen.
Das Leben und die Freude der ursprünglichen Natur, wo jene
Gegensätze gar nicht vorkommen zwischen der Erscheinung und
dem Wesen, der Zeit und der Ewigkeit, ist nicht die unserige.
Und dachten wir uns dieses in Einem, so dachten wir uns eben
diesen als Erlöser, und er mußte uns anfangen als ein göttliches Kind. Wir selbst hingegen beginnen mit dem Zwiespalt

und gelangen erst zur Uebereinstimmung durch die Erlösung, die eben nichts anderes ist als die Aufhebung jener Gegensätze, und eben deshalb nur von dem ausgehen kann, für den sie nicht erst durften aufgehoben werden. Gewiß, das wird niemand leugnen, dies ist die eigentliche Natur dieses Festes, daß wir uns des innersten Grundes und der unerschöpflichen Kraft eines neuen ungetrübten Lebens bewußt werden, daß wir in dem ersten Keime desselben zugleich seine schönste Blüte, ja seine höchste Vollendung anschauen. Wie unbewußt es auch in vielen sei, in nichts anderes läßt sich das wunderbare Gefühl auflösen als in diese zusammengedrängte Anschauung einer neuen Welt. Diese ergreift einen jeden, und der Urheber derselben wird in tausend Bildern auf die verschiedenste Weise dargestellt: als die aufgehende wiederkehrende Sonne, als der Frühling des Geistes, als der König eines bessern Reichs, als der treueste Götterbote, als der lieblichste Friedensfürst. Und so komme ich doch dazu, Leonhardt, dich zu widerlegen, eben indem ich dir beistimme und die verschiedenen Ansichten, von welchen wir ausgegangen sind, vergleichend zusammenstelle. Mögen die historischen Spuren seines Lebens, wenn man die Sache in einem niedrigern Sinne kritisch betrachtet, noch so unzureichend sein: das Fest hängt nicht daran, sondern wie an der Nothwendigkeit eines Erlösers, so an der Erfahrung eines gesteigerten Daseins, welches auf keinen andern Anfang als diesen zurückzuführen ist. Noch weniger Spuren findest du oft von dem Faden, an welchen man eine Krystallisation hat anschießen lassen, aber auch die kleinste reicht hin um dir zu beweisen, daß er da war. So ist es auch wirklich Christus gewesen, dessen Anziehungskräften diese neue Welt ihre Gestaltung verdankt; und wer, wie du doch auch geneigt bist, das Christenthum für eine kräftige Gegenwart anerkennt, für die große Form des neuen Lebens, der heiligt dieses Fest, nicht wie man das Unverstandene nicht zu verletzen wagt, sondern indem er es vollkommen versteht, auch alles einzelne darin, die Geschenke und die Kinder, die Nacht und das Licht. Und mit dieser kleinen Verbesserung, von der ich wünsche, daß sie auch dir gefallen möge, wiederhole ich deine Aufforderung und wünsche oder vielmehr weissage dem schönen Feste auf ewig die frohe Kindlichkeit, mit der es uns jedesmal wiederkehrt, und allen, die es feiern, die rechte Freude an dem wiedergefundenen höhern Leben, aus welcher allein alle seine Lieblichkeiten aufblühen."

„Ich muß dir abbitten, Ernst", sagte Agnes. „Ich hatte nämlich gefürchtet, ich würde dich gar nicht verstehen; dem ist aber nicht so gewesen, und du hast es recht schön bestätigt, daß wirklich das Religiöse das Wesen des Festes ist. Nur scheint es freilich nach dem, was vorhin ausgemacht wurde, als ob uns Frauen weniger Freude müsse zutheil werden, weil jenes Unwesen sich weniger in uns offenbart. Allein auch das kann ich mir wol zurechtlegen."

„Recht leicht", sagte Leonhardt. „Man könnte eben nur kurzweg sagen, und es ist so anschaulich als möglich, daß die Frauen für sich alles leicht ertragen und nach wenigem Genuß streben, daß aber, wie ihr innerstes Leiden Mitleiden ist, so auch ihre Freude Mitfreude ist. Nur mögt ihr sehen, wie ihr mit der heiligen Autorität zurechtkommt, die ihr niemals verlassen wollt, und die so offenbar die Frauen als die ersten Urheber des Zwiespalts und aller Erlösungsbedürftigkeit angibt. Aber wenn ich Friederike wäre, ich wollte Ernst doch den Krieg machen, daß er der Taufe so leichtsinnig ohne Erwägung seiner eigenen Umstände den Vorrang eingeräumt vor der Trauung, die doch auch ein schönes und freudiges Sakrament sein soll, hoffe ich."

„Antworte ihm nicht, Ernst", sagte Friederike; „er hat sich schon selbst geantwortet."

„Wie das?" fragte Leonhardt.

„Nun offenbar", entgegnete Ernestine, „indem du von den eigenen Umständen sprachst. Aber deinesgleichen merkt es immer nicht, wenn ihr das liebe Ich einmischt. Ernst unterschied das aber wohl und wird dir gewiß sagen, daß jenes sich mehr der Geburtstagsfreude nähert als der Weihnachtsfreude."

„Oder", fügte Ernst hinzu, „wenn du etwas Christliches dazu haben willst, daß es mehr Charfreitag und Ostern ist als Weihnachten. Nun aber laßt uns das Vorige beiseite stellen, und hören was uns Eduard sagen wird."

Dieser fing darauf so an zu reden: „Es ist schon von einem Bessern, als ich bin, bei einer ähnlichen Gelegenheit angemerkt worden, daß die letzten am übelsten daran sind, wo über einen Gegenstand, welcher es auch sei, auf diese Weise geredet wird. Und nicht etwa nur, als ob ihnen die Frühern wegnähmen, was zu sagen war — wiewol ihr beiden auch in dieser Hinsicht euch wenig um mich bekümmert habt, daß ihr etwa einzelnes herausgenommen hättet, um mir anderes einzelne übrig zu lassen —, sondern vornehmlich, weil den Hörenden von jeder Rede wieder eigene Nachklänge zurückbleiben, die also einen immer zunehmenden Widerstand bilden, den der letzte am schwersten zu überwinden hat. Daher muß ich mich nach einer Hülfe umsehen, und was ich sagen will, an etwas Bekanntes und Liebes anlehnen, damit es leichtern Eingang finde. Wie nun Leonhardt gar oft die mehr äußerlichen Lebensbeschreiber Christi im Sinne gehabt hat, um bei ihnen das Geschichtliche aufzusuchen, so will ich mich an den Mystischen unter den vieren halten, bei dem gar wenig von einzelnen Begebenheiten vorkommt,

ja auch kein Weihnachten äußerlich, in dessen Gemüth aber
eine ewige kindliche Weihnachtsfreude herrscht. Dieser gibt
uns die geistige und höhere Ansicht unsers Festes. Er hebt
aber so an, wie ihr wißt: «Im Anfang war das Wort, und
das Wort war bei Gott, und Gott war das Wort. In
ihm war das Leben, und das Leben war das Licht der
Menschen. Und das Wort ward Fleisch und wohnte unter
uns, und wir sahen seine Herrlichkeit als des eingeborenen
Sohnes vom Vater.» So sehe ich am liebsten den Gegen=
stand dieses Festes: nicht ein Kind so und so gestaltet und
aussehend, von dieser oder jener geboren da oder dort; son=
dern das Fleisch gewordene Wort, das Gott war und bei
Gott. Das Fleisch aber ist, wie wir wissen, nichts anderes
als die endliche beschränkte sinnliche Natur; das Wort da=
gegen ist der Gedanke, das Erkennen, und das Fleischwerden
desselben ist also das Hervortreten dieses Ursprünglichen und
Göttlichen in jener Gestalt. Was wir sonach feiern, ist nichts
anderes als wir selbst, wie wir insgesammt sind, das heißt
die menschliche Natur, oder wie ihr es sonst nennen wollt,
angesehen und erkannt aus dem göttlichen Princip. Warum
wir aber einen aufstellen müssen, in welchem sich die mensch=
liche Natur allein so darstellen läßt, und warum gerade diesen
Einen, und auch bei ihm schon in die Geburt diese Einerlei=
heit des Göttlichen und Irdischen setzen, nicht als eine spä=
tere Frucht des Lebens; das wird hieraus erhellen. Was
ist der Mensch an sich anderes als der Erdgeist selbst, das
Erkennen der Erde in seinem ewigen Sein und in seinem
immer wechselnden Werden? So ist auch kein Verderben in
ihm und kein Abfall und kein Bedürfniß einer Erlösung.
Der einzelne aber, wie er sich anschließt an die andern
Bildungen der Erde und sein Erkennen in ihnen sucht, da
doch ihr Erkennen allein in ihm wohnt, dieser ist das Werden

allein und ist im Abfall und Verderben, welches ist die Zwietracht und die Verwirrung, und er findet seine Erlösung nur in dem Menschen an sich. Darin nämlich, daß eben jene Einerleiheit ewigen Seins und Werdens des Geistes, wie er sich auf diesem Weltkörper offenbaren kann, in jedem selbst aufgeht, sodaß jeder alles Werden und auch sich selbst nur in dem ewigen Sein betrachtet und liebt, und insofern er als ein Werden erscheint, auch nichts anderes sein will als ein Gedanke des ewigen Seins, noch in einem andern ewigen Sein will gegründet sein als in dem, welches einerlei ist mit dem immer wechselnden und wiederkehrenden Werden. Darum findet sich zwar in der Menschheit jene Einerleiheit des Seins und Werdens ewig, weil sie ewig als der Mensch an sich ist und wird; im einzelnen aber muß sie, wie sie in ihm ist, auch werden als sein Gedanke und als der Gedanke eines gemeinschaftlichen Thuns und Lebens, in welchem eben jenes unserm Weltkörper eignende Erkennen ist nicht nur, sondern auch wird. Nur wenn der einzelne die Menschheit als eine lebendige Gemeinschaft der einzelnen anschaut und erbaut, ihren Geist und Bewußtsein in sich trägt und in ihr das abgesonderte Dasein verliert und wiederfindet, nur dann hat er das höhere Leben und den Frieden Gottes in sich. Diese Gemeinschaft aber, durch welche so der Mensch an sich dargestellt wird oder wiederhergestellt, ist die Kirche. Sie verhält sich also zu allem übrigen, was Menschliches um sie her und außer ihr wird, wie das Selbstbewußtsein der Menschheit in den einzelnen zur Bewußtlosigkeit. Jeder also, in dem dieses Selbstbewußtsein aufgeht, kommt zur Kirche. Darum kann niemand wahrhaft und lebendig die Wissenschaft in sich haben, der nicht selbst in der Kirche wäre, sondern ein solcher kann die Kirche nur äußerlich verleugnen, nicht innerlich. Wohl aber können in der Kirche sein, die nicht die Wissenschaft in sich haben; denn sie können jenes höhere Selbstbewußtsein in der Empfindung besitzen, wenn auch nicht in der Anschauung. Welches eben der Fall bei den Frauen ist und zugleich der Grund, warum sie sich um so inniger und ausschließender der Kirche anhängen. Diese Gemeinschaft nun ist als ein Werdendes auch ein Gewordenes, und als eine Gemeinschaft der einzelnen ein durch Mittheilung derselben Gewordenes, und wir suchen also auch einen Punkt, von dem diese Mittheilung ausgegangen, wiewol wir wissen, daß sie von einem jeden wieder selbstthätig ausgehen muß, auf daß der Mensch an sich auch in jedem einzelnen sich gebäre und gestalte. Jener aber, der als der Anfangspunkt der Kirche angesehen wird, als ihre Empfängniß, so wie man die erste am Pfingsttage frei und selbstthätig ausbrechende Gemeinschaft der Empfindung gleichsam die Geburt der Kirche nennen könnte, jener muß als der Mensch an sich, als der Gottmensch schon geboren sein, er muß das Selbsterkennen in sich tragen und das Licht der Menschen sein von Anfang an. Denn wir zwar werden wiedergeboren durch den Geist der Kirche. Der Geist selbst aber geht nur aus vom Sohn, und dieser bedarf keiner Wiedergeburt, sondern ist ursprünglich aus Gott geboren. Das ist der Menschensohn schlechthin. Auf ihn war alles Frühere Vorbedeutung, war auf ihn bezogen und nur durch diese Beziehung gut und göttlich; ja in ihm feiern wir nicht nur uns, sondern alle, die da kommen werden, sowie alle, die gewesen sind, denn sie waren nur etwas, sofern er in ihnen war und sie in ihm. In Christo sehen wir also den Geist nach Art und Weise unserer Erde zum Selbstbewußtsein in dem einzelnen sich ursprünglich gestalten. Der Vater und die Brüder wohnen gleichmäßig in ihm und sind eins in ihm, Andacht und Liebe sind sein Wesen. Darum

sieht jede Mutter, die es fühlt, daß sie einen Menschen ge=
boren hat, und die es weiß durch eine himmlische Botschaft,
daß der Geist der Kirche, der Heilige Geist in ihr wohnt,
und die deshalb gleich ihr Kind mit ganzem Herzen der
Kirche darbringt und dies zu dürfen als ihr Recht fordert,
eine solche sieht auch Christum in ihrem Kinde: und eben
dies ist jenes unaussprechliche, alles lohnende Muttergefühl.
Ebenso aber auch jeder von uns schaut in der Geburt Christi
seine eigene höhere Geburt an, durch die nun auch nichts
anderes in ihm lebt als Andacht und Liebe und auch in
ihm der ewige Sohn Gottes erscheint. Darum bricht das
Fest hervor wie ein himmlisches Licht aus der Nacht. Darum
ist es ein allgemeines Pulsiren der Freude in der ganzen
wiedergeborenen Welt, das nur die für eine Zeit lang kranken
oder gelähmten Glieder nicht fühlen. Und eben dies ist die
Herrlichkeit des Festes, die ihr auch von mir wolltet preisen
hören. Aber wie ich sehe, sollte ich nicht der letzte sein. Denn
der langerwartete Freund ist ja nun auch da."

Joseph nämlich war während dieser Rede gekommen und,
so leise er auch hereintrat und sich niedersetzte, doch von
Eduard bemerkt worden. „Keineswegs", sagte er, als ihn
Eduard so aufrief, „sondern du sollst gewiß der letzte ge=
wesen sein. Ich bin nicht gekommen Reden zu halten, son=
dern mich zu freuen mit euch; und ihr kommt mir, daß ich
es ehrlich sage, wunderlich und fast thöricht vor, daß ihr
dergleichen treibt, wie schön es auch mag gewesen sein. Aber
ich merke es schon, euer schlechtes Princip ist wieder unter
euch, dieser Leonhardt, der denkende, reflectirende, dialektische,
überverständige Mensch, in den ihr wahrscheinlich hineingeredet
habt; denn für euch hättet ihr es gewiß nicht gebraucht und
wäret nicht darauf verfallen, ihm aber hilft es doch nicht.
Und die armen Frauen haben sich das so müssen gefallen

laffen. Bedenkt nur, welche schöne Töne sie euch würden gesungen haben, in denen alle Frömmigkeit euerer Reden weit inniger gewohnt hätte, oder wie anmuthig aus dem Herzen voll Liebe und Freude sie mit euch hätten plaudern können, was euch anders und besser würde behagt und erquickt haben, als sie durch diese feierlichen Reden sind angeregt worden. Ich meinestheils kann heute damit gar nicht dienen. Alle Formen sind mir zu steif, und alles Reden zu langweilig und kalt. Der sprachlose Gegenstand verlangt oder erzeugt auch mir eine sprachlose Freude; die meinige kann wie ein Kind nur lächeln und jauchzen. Alle Menschen sind mir heute Kinder und sind mir eben deshalb nur um so lieber. Die ernsthaften Falten sind einmal ausgeglättet, die Zahlen und die Sorgen stehen ihnen einmal nicht an der Stirn geschrieben, das Auge glänzt und lebt einmal, und es ist eine Ahnung eines schönen und anmuthigen Daseins in ihnen. Auch ich selbst bin ganz ein Kind geworden zu meinem Glück. Wie ein Kind den kindischen Schmerz erstickt und die Seufzer zurückdrängt und die Thränen einsaugt, wenn ihm eine kindische Freude gemacht wird: so ist mir heute der lange tiefe unvergängliche Schmerz besänftigt wie noch nie. Ich fühle mich einheimisch und wie neugeboren in der bessern Welt, in welcher Schmerz und Klage keinen Sinn mehr haben und keinen Raum. Mit frohem Auge schaue ich auf alles, auch auf das Tiefverwundende. Wie Christus keine Braut hatte als die Kirche, keine Kinder als seine Freunde, kein Haus als den Tempel und die Welt, und doch das Herz voll himmlische Liebe und Freude: so scheine auch ich mir geboren eben danach zu trachten. So bin ich umhergegangen den ganzen Abend, überall mit der herzlichsten Theilnahme an allen Kleinigkeiten und Spielen, und habe alles geliebt und angelacht. Es war Ein langer liebkosender

Kuß, den ich der Welt gab, und jetzt meine Freude mit euch sollte der letzte Druck der Lippe sein. Ihr wißt, wie ihr mir die Liebsten seid von allen. Kommt denn, und das Kind vor allen Dingen mit, wenn es noch nicht schläft, und laßt mich euere Herrlichkeiten sehen und laßt uns heiter sein und etwas Frommes und Fröhliches singen."

www.ingramcontent.com/pod-product-compliance
Lightning Source LLC
Chambersburg PA
CBHW032151160426
43197CB00008B/864